海事调查与分析

主　编　汪运涛　徐　瑜
副主编　许世波　宋浩然　孙玉强
　　　　王增全　魏恩平
主　审　任　威　贾建伟

大连海事大学出版社

ⓒ 汪运涛,徐 瑜 2016

图书在版编目(CIP)数据

海事调查与分析 / 汪运涛,徐瑜主编. —— 大连：
大连海事大学出版社，2016.7(2020.1 重印)
ISBN 978-7-5632-3359-5

Ⅰ.①海… Ⅱ.①汪… ②徐… Ⅲ.①海事处理—高
等学校—教材 Ⅳ.①D993.5

中国版本图书馆 CIP 数据核字(2016)第 178600 号

大连海事大学出版社出版

| 地址:大连市凌海路1号 | 邮编:116026 | 电话:0411-84728394 | 传真:0411-84727996 |

http://press.dlmu.edu.cn　　E-mail:dmupress@dlmu.edu.cn

大连华伟印刷有限公司印装　　　　　　　大连海事大学出版社发行

2016 年 7 月第 1 版　　　　　　　　　　2020 年 1 月第 2 次印刷
幅面尺寸:184 mm×260 mm　　　　　　　印张:11.5
字数:255 千　　　　　　　　　　　　　　印数:801～1600 册

出版人:余锡荣

责任编辑:苏炳魁　　　　　　　　　　　责任校对:杨玮璐
封面设计:王　艳　　　　　　　　　　　版式设计:解瑶瑶

ISBN 978-7-5632-3359-5　　　定价:30.00 元

前 言

随着船舶大型化的发展趋势，海上运输标的价值越来越高，一旦发生事故，船舶和货物、人命、环境损失较大。开展海上事故调查及原因分析，对于避免同类事故的重复发生，具有重要的现实意义。此外，每次与海上运输相关的重大变革或规则的出台，都是汲取海上事故的教训而产生的。了解事故发生规律，学习海事调查方法，掌握分析海事原因是增进海上安全的重要途径。

随着我国加入的国际海事公约越来越多，航运企业在运营中需要时刻以海事公约作为经营的准则。即便如此，一旦发生海事，也必然涉及财产、环境、运费甚至是人命的调查与分析。随着海上运输业在国民经济发展中的重要地位日益凸显，对企业调查和分析海事问题能力的要求也越来越高。

为解决企业及主管机关提升海事从业人员海事调查能力及事故分析能力的需求，山东交通学院组织编写了本书。本书内容包括：事故归因理论，海事的基本概念，海事报告制度，海事调查及法规公约，人为失误，海事证据调查，海事分析，海事统计分析，海事处理，海事局在海事调查处理中的权利、义务和法律责任，国外海事调查简介等。

本书由汪运涛和徐瑜担任主编，许世波、宋浩然、孙玉强、王增全和魏恩平担任副主编，张安西、董传明、汪倩、王兵玲参加了本书部分章节的编写。山东交通学院海运学院任威院长和威海海事局VTS中心贾建伟处长拨冗审阅了本书的初稿，提出了许多宝贵意见。本书可作为海事管理专业本科生和海洋运输与物流专业硕士研究生教材，也可作为航运企业和海事主管机关人员上岗前的培训教材。本书在编写中参考借鉴了许多国内外同行的资料，在此一并表示衷心的感谢。

限于编者的时间和水平，书中难免有不足之处，敬请读者批评指正。

编 者
2016 年 4 月

目 录

第一章 事故归因理论 ... 1
- 第一节 事故归因理论概述 ... 1
- 第二节 事故频发倾向论 ... 4
- 第三节 事故因果连锁论 ... 5
- 第四节 事故遭遇倾向论 ... 6
- 第五节 管理失误论 ... 8
- 第六节 能量观点的事故因果理论 ... 9
- 第七节 变化论和综合论 ... 11
- 第八节 海事原因分析 ... 12

第二章 海事的基本概念 ... 13
- 第一节 海事的定义 ... 13
- 第二节 海事的分类 ... 16
- 第三节 海事的分级 ... 19

第三章 海事报告制度 ... 24
- 第一节 海事报告概述 ... 24
- 第二节 海事报告的国内规定 ... 26
- 第三节 海事报告的国际规定 ... 30

第四章 海事调查及法规公约 ... 40
- 第一节 海事调查概述 ... 40
- 第二节 海事调查国内法规制度 ... 45
- 第三节 海事调查国际公约 ... 48

第五章 人为失误 ... 51
- 第一节 人为失误的类型 ... 51
- 第二节 人为失误的原因 ... 53
- 第三节 人为失误的控制 ... 60
- 第四节 海事中人为因素及其调查 ... 63

第六章 海事证据调查 ... 70
- 第一节 证据种类与证据调查 ... 72
- 第二节 审查判断证据 ... 80
- 第三节 当事人与有关人员的陈述 ... 84

第四节　文书资料 …………………………………………………… 87
　　第五节　物证 ………………………………………………………… 90
　　第六节　检验与鉴定意见 …………………………………………… 91
　　第七节　检核与勘验 ………………………………………………… 93
　　第八节　海事调查中应获取的资料 ………………………………… 94
第七章　海事分析 ………………………………………………………… 101
　　第一节　事故原因的分类 …………………………………………… 102
　　第二节　海事原因分析方法 ………………………………………… 105
　　第三节　海事原因分析 ……………………………………………… 106
第八章　海事统计分析 …………………………………………………… 111
　　第一节　海事统计分析概述 ………………………………………… 111
　　第二节　海事统计分析的数学原理 ………………………………… 115
　　第三节　海事统计指标和统计图表 ………………………………… 120
　　第四节　海事分布与影响因素统计分析 …………………………… 127
第九章　海事处理 ………………………………………………………… 131
　　第一节　海事处理概述 ……………………………………………… 131
　　第二节　安全管理建议与海事调查报告 …………………………… 133
　　第三节　海事调查处理中的行政处罚 ……………………………… 143
　　第四节　海事引起的民事纠纷的调解 ……………………………… 149
　　第五节　海事签证与水上交通事故调查处理 ……………………… 152
第十章　海事局在海事调查处理中的权利、义务和法律责任 ……… 156
　　第一节　海事引起的行政处置与行政命令 ………………………… 156
　　第二节　在海事调查处理中的权利、义务和法律责任 …………… 158
第十一章　国外海事调查简介 …………………………………………… 165
　　第一节　英国的海事调查 …………………………………………… 165
　　第二节　加拿大的海事调查 ………………………………………… 167
　　第三节　美国的海事调查 …………………………………………… 168
　　第四节　日本的海难审判制度 ……………………………………… 171
附录一　水上交通事故统计办法 ………………………………………… 173
参考文献 …………………………………………………………………… 177

第一章 事故归因理论

事故一般是指造成死亡、伤害、损坏或者其他损失的意外情况。事故是一种迫使进行着的生产、生活活动暂时或永久停止的事件。事故中断、终止人们正常活动的进行,必然给人们的生产、生活带来某种形式的影响。因此,事故是一种违背人们意志的事件,是人们不希望发生的事件。它开始于危险的激化,并以一系列原因事件按一定的逻辑顺序流经系统而造成损失,即事故是指造成人员伤害、死亡、职业病或设备设施等财产损失和其他损失的意外事件。

为了防止事故发生,首先必须进行正确的事故归因,即弄清事故发生的原因,了解事故的发生、发展和形成过程。在此基础上,研究如何通过消除、控制事故因素来防止事故发生,保证生产系统处于安全状态。

随着社会的发展,科学技术的进步,特别是工业革命以后工业事故频繁发生,人们在与各种事故斗争的实践中不断总结经验,探索事故发生的规律,相继提出了各种不同的事故归因理论,用于解释事故为什么会发生、怎样发生以及如何采取措施进行处理等问题。事故归因理论是一定生产力发展水平的产物,在生产力发展的不同阶段,生产过程中出现的安全问题有所不同,特别是生产方式的变化以及人们在生产过程中所处地位的变化,引起人们安全观念的变化,相应地产生了不同的事故归因理论。随着生产技术水平的不断提高,人们对事故的认识不断深化,事故归因理论也得到了不断的完善和提高。

第一节 事故归因理论概述

事故归因理论是生产力发展到一定水平的产物,是人们认识事故整个过程以及进行事故预防工作的重要理论依据。归纳起来,主要经历了三个发展阶段。

一、单一因素归因理论

20世纪初,资本主义社会工业生产已经初具规模,蒸汽动力和电力驱动的机械工具取代了手工作坊中的手工工具。这些机械工具在设计时很少考虑操作的安全和方便,几乎没有什么安全防护装置。工人没有受过培训,操作很不熟练,加上连续10小时以上的工作时间,伤亡事故频繁发生。而面对广大工人群众的生命健康受到工业事故严重威胁的严峻情况,业主的态度是消极的。各地的诉讼程序也大同小异,只要能证明事故原因中有受伤害工人的过失,法庭总是袒护企业主。法庭判决的原则是:工人理应承受所从事的工作中通常可能方式的一切危险。

1919年英国的格林伍德和伍兹对许多工厂里的伤亡事故数据中的事故发生次数按不同的统计分布方法进行了统计检验,结果发现,工人中的某些人较其他人更容易发生事故。从这种现象出发,后来法默等人提出了事故频发倾向概念,所谓的事故频发倾向就是指个别人容易发生事故的、稳定的、个人的内在倾向。

海因里希的工业安全理论是该时期的代表性理论。海因里希认为,人的不安全行为、物的不安全状态是事故的直接原因,企业事故预防工作的中心就是消除人的不安全行为和物的不安全状态。根据海因里希的研究,大多数工业伤害事故都是由于工人的不安全行为引起的。即使一些工业伤害事故是由于物的不安全状态引起的,这些物的不安全状态的产生也是由于工人自身的缺点、错误造成的。因而,海因里希理论也和事故频发倾向论一样,把工业事故的责任归因于工人。从这一认识出发,海因里希进一步追究事故发生的根本原因,认为人的缺点来源于遗传因素和人员成长的社会环境。

第二次世界大战后,科学技术飞跃发展,新技术、新工艺、新能源和新产品不断出现,而且越来越复杂。人们对安全的认识也在不断地变化,对所谓的事故频发倾向概念提出了新的见解,出现了能量意外释放论和管理失误论等新的事故致因理论。

20世纪60年代起,随着生产规模的进一步扩大化,生产工艺的复杂化和操作过程的自动化,机电一体化的自动控制系统取代了人在生产过程中的操作;具有监控功能的安全系统的广泛应用,取代了人对生产过程的安全监管任务,使安全保护更准确、更迅速、更完备,使主观对生产过程的干预程度降低。因而直接参与生产过程的人的不安全行为的概率及其影响在减少,而物的不安全状态的恶果在增强,人的不安全行为更多地凝结在物的不安全状态之中,同时,人们在研究中发现,人的两重性或多重性行为受众多难以预测因素的影响,人的可靠度决定了不安全行为的可能性,并且这个值极难达到较高水平。在这样的背景下,人们提出了一系列淡化人的因素、突出物的因素的事故致因思想。

以物为主的事故致因思想,特别适用于物质反应过程较复杂、工艺过程自动化的生产领域。目前,很多该生产领域的安全保护系统就是通过对系统危险源和危险因素的自动监测和控制,实现一种使人的不安全行为不能导致事故的工作条件,即本质安全条件。

二、人物合一归因理论

第二次世界大战后,科学技术飞跃发展。各种新技术、新工艺、新能源、新材料和新产品在给工业生产和人们的生活带来巨大变化的同时,也给人类带来了更多的危险。另外,随着战后工业迅速发展带来的广泛就业,使得企业不能像战前那样进行"拔尖"的人员选择。除了极少数身心有问题的人之外,广大群众都有机会进入工业部门。工人运动蓬勃发展,企业主不能随意地开除工人,这就使职工队伍素质发生了重大变化。

人们对所谓的事故频发倾向的概念提出了新的见解。"大多数工业事故是由事故频发倾向者引起的"观念被一些研究者认为是错误的,这些研究者认为,有些人较另一些人容易发生事故,是与他们从事的作业有较高的危险性有关。越来越多的人认为,不能把事故的责任简单地说成是工人的不注意,应该注重机械的、物质的危险性质在事故致因中的重要地位。于是,在事故预防工作中比较强调生产条件的实现、机械设备的安全。轨迹交叉论、能量意外释放论以及管理失误论是这一时期较典型的事故归因理论。

轨迹交叉论认为,人的因素和物的因素在事故致因中占有同样重要的地位。按照该理论,可以通过避免人与物两种运动轨迹交叉,即避免人的不安全行为和物的不安全状态同时、同地出现,来预防事故的发生。

能量意外释放论的出现是人们对伤亡事故发生的物理实质在认识方面的一大飞跃。该理论认为,事故是一种不正常的或不被希望的能量释放,是各种形式的能量构成伤害的直接原因。根据该理论,可以通过控制能量或控制作为能量达及人体媒介的能量载体来预防伤害事故。

与早期的事故频发倾向论、海因里希因果连锁论等不同,第二次世界大战后人们逐渐地认识了管理因素作为背后原因在事故归因中的重要作用。人的不安全行为或物的不安全状态是工业事故的直接原因。但是,它们只不过是其背后的深层原因——管理上的缺陷的反映,只有找出深层的、背后的原因,改进企业的管理工作,才能有效地防止事故发生。

三、系统归因理论

科学技术进步的一个显著特征是设备、工艺和产品越来越复杂。战略核武器的研制、宇宙资源的开发和核电站建设等,使得作为现代先进科学技术标志的复杂巨系统相继问世。这些复杂巨系统往往由数以万计的元件、部件组成,元件、部件之间以非常复杂的关系相连接;人们在开发研制、使用和维护这些复杂巨系统的过程中,逐渐萌发了系统安全的基本思想。所谓系统安全思想,是指在系统寿命期间内应用系统安全工程和管理方法,辨识系统中的危险源,并采取控制措施使其危险性最小,从而使系统在规定的性能、时间和成本范围内达到最佳的安全程度。

陈宝智教授1992年提出的危险源理论是这一时期较典型的事故归因理论。该理论认为事故是由第一类危险源和第二类危险源共同作用的结果,系统中存在的危险源是事故发生的原因,而不再强调人的不安全行为在事故致因中的直接作用。所谓危险源是可能导致事故、造成人员伤害、财物损坏或环境污染的潜在的不安全因素。不同的危险源可能有不同的危险性(某种危险源导致事故、造成人员伤害、财物损坏或环境污染的可能性)。由于系统中不可避免地会存在或出现某些种类的危险源,不可能彻底消除系统中所有的危险源,也就不存在绝对的安全。

随着系统论的提出和深入研究,人们把系统论引入安全科学,提出了一些重要的事故归因辨证思想和理念,其主要有事故归因系统观、事故归因变化观等。近年来,非线性科学成为众多学者研究的热点,其中的一个重要分支——混沌理论更是得到深入的研究和广泛的应用,作者把混沌理论的思想引入安全科学,提出事故归因的混沌观点。认为生产系统条件的微小变化都可能引起大量的能量意外释放,导致发生灾难性的事故。安全无小事,生产系统中的每一个不合理因素都可能导致事故的发生。"蝼蚁之穴"可毁千里长堤,一起事故的发生是许多人失误和物的故障相互复杂关联、非线性相互作用的结果,在安全管理过程中不能忽视对每一个细节的管理。

第二节 事故频发倾向论

如前文所述,所谓的事故频发倾向就是指个别人容易发生事故的、稳定的、个人的内在倾向。1919年,格林伍德和伍慈对许多工厂里发生的伤害事故次数资料进行了统计检验,根据分布,得出了事故倾向的以下三种分布规律。

一、泊松分布

泊松分布是指描述单位时间(或空间)内随机事件发生的次数,是统计与概率学里常见到的离散概率分布。当员工发生事故的概率不存在个体差异时,即不存在事故频发倾向者时,一定时间内事故发生次数服从泊松分布。在这种情况下,事故的发生是由于工厂里的生产条件、机械设备方面的问题,以及一些其他偶然因素引起的。

二、偏倚分布

一些工人由于存在着精神或心理方面的问题,如果在生产操作过程中发生过一次事故,则会造成胆怯或神经过敏,当再继续操作时,就会有重复发生第二次、第三次事故的倾向。造成这种统计分布情况的原因是人员中存在少数有精神或心理缺陷的人。

三、非均等分布

当工厂中存在许多特别容易发生事故的人时,发生不同次数事故的人数服从非均等分布,即每个人发生事故的概率不相同。在这种情况下,事故的发生主要是由人的因素引起的。为了检验事故频发倾向的稳定性,他们还计算了被调查工厂中同一个人在前三个月和后三个月里发生事故次数的相关系数,结果发现,工厂中存在着事故频发倾向者,并且前、后三个月事故次数的相关系数变化在 0.37 ± 0.12 到 0.72 ± 0.07 之间,皆为正相关。

1926年,纽鲍尔德研究了大量工厂中事故发生次数的分布规律,证明事故发生次数服从发生概率极小,且每个人发生事故概率不等的统计分布。他计算了一些工厂中前五个月和后五个月事故次数的相关系数,其结果为 $0.04 \pm 0.009 \sim 0.71 \pm 0.06$。这也充分证明了存在着事故频发倾向者。1939年,法默和查姆勃明确提出了事故频发倾向的概念,认为事故频发倾向者的存在是工业事故发生的主要原因。

对于发生事故次数较多、可能是事故频发倾向者的人,可以通过一系列的心理学测试来判别。例如,日本曾采用内田—克雷贝林测验测试工人大脑工作状态曲线,采用YG测验测试工人的性格来判别事故频发倾向者。另外,也可以通过对日常工人行为的观察来发现事故频发倾向者。一般来说,具有事故频发倾向的人在进行生产操作时往往精神动摇,注意力不能经常集中在操作上,因而不能适应迅速变化的外界条件。经过测试,事故频发倾向者往往有如下的性格特征:

(1)感情冲动,容易兴奋。
(2)脾气暴躁。
(3)厌倦工作,没有耐心。
(4)慌慌张张,不沉着。
(5)动作生硬而工作效率低。
(6)喜怒无常,感情多变。
(7)理解能力低,判断和思考能力差。
(8)极度喜悦和悲伤。
(9)缺乏自制力。
(10)处理问题轻率、冒失。
(11)运动神经迟钝,动作不灵活。

第三节 事故因果连锁论

在工业安全理论基础上,海因里希首次提出因果连锁论,用以阐述导致伤亡事故各种原因因素间及各因素与伤害间的关系。该理论认为伤亡事故的发生不是一个孤立的事件,尽管伤害可能在某瞬间突然发生,却是一系列相互作用的原因事件相继发生的结果。

事故因果连锁论以事故为中心,事故的结果是伤害(伤亡事故的场合),事故的原因包括三个层次:直接原因、间接原因、基本原因。对事故的各层次原因的认识不同,形成了不同的事故致因理论。因此,人们也经常用事故因果连锁论的形式来表达某种事故致因理论。

一、伤害事故连锁构成

海因里希把工业伤害事故的发生、发展过程描述为具有一定因果关系的事件的连锁,即:

(1)人员伤亡的发生是事故的结果。
(2)事故发生的原因是由于人的不安全行为或物的不安全状态造成的。
(3)人的不安全行为或物的不安全状态是由人的缺点造成的。
(4)人的缺点是由不良环境诱发或者是由先天的遗传因素造成的。

二、事故连锁过程影响因素

海因里希将事故因果连锁过程概括为以下五个因素:

(1) 遗传及社会环境。遗传因素及社会环境是造成人的性格缺陷的原因。遗传因素可能形成鲁莽、固执等不良性格；社会环境可能妨碍人的教育，助长人的性格中先天缺陷的发展。

(2) 人的缺点。人的缺点是使人产生不安全行为或造成机械、物质不安全状态的原因，它包括鲁莽、固执、过激、神经质、轻率等性格上的先天缺点，以及缺乏安全生产知识和技术等后天的缺点。

(3) 人的不安全行为或物的不安全状态。所谓人的不安全行为或物的不安全状态是指那些曾经引起过事故，可能再次引起事故的人的行为或机械、物质的状态，它们是造成事故的直接原因。例如，在起重机的起吊货物下停留、不发信号就起动机器、工作时间打闹或拆除安全防护装置等都属于人的不安全行为；没有防护的传动齿轮、裸露的带电体、照明不良等属于物的不安全状态。

(4) 事故。事故是由于物体、人或环境的作用或反作用，使人员受到伤害或可能受到伤害的、出乎意料之外的、失去控制的事件。

(5) 伤害。由于事故直接产生的人身伤害。

海因里希用多米诺骨牌来形象地描述这种事故因果连锁关系。在多米诺骨牌系列中，一颗骨牌被碰倒了，则将发生连锁反应，其余的几颗骨牌相继被碰倒。如果移去中间的一颗骨牌，则连锁反应被破坏，事故过程被中止。海因里希认为，企业安全工作的中心是防止人的不安全行为，消除机械的或物质的不安全状态，中断事故连锁的进程而避免事故的发生。

事故因果连锁论较之前的事故频发倾向论和随后的事故遭遇倾向论更进步了一层，这些理论都摈弃了不可知论的错误，认为人的不安全行为是产生事故的根本原因。这些理论从个别人、人的本质以及管理人员角度逐渐深化了对人的不安全行为在事故发生和发展过程中起关键作用的认识。然而这些理论不同程度地轻视了劳动工具（包括生产设备）、劳动对象、工作环境所固有的危险性对事故的影响。

第四节　事故遭遇倾向论

第二次世界大战后，人们认为大多数工业事故是由事故频发倾向者引起的观念是错误的，有些人较另一些人容易发生事故是与他们从事的作业有较高的危险性有关。因此，不能把事故的责任简单地归结成工人的不注意，应该强调机械的、物质的危险性质在事故致因中的重要地位。于是，出现了事故遭遇倾向论，事故遭遇倾向是指某些人员在某些生产作业条件下容易发生事故的倾向。

许多研究结果表明，前后不同时期里事故发生次数的相关系数与作业条件有关，当从事规则的、重复性的作业时，事故频发倾向较为明显。明兹和布卢姆建议用事故遭遇倾向取代事故频发倾向的观点，认为事故的发生不仅与个人因素有关，而且与生产条件有关。根据这一见解,克尔调查了53个电子工厂中40项个人因素及生产作业条件因素与事故发生频度和伤害严重程度之间的关系,发现影响事故发生频度的主要因素有搬运距离短、噪声严重、临时工多、工人自觉性差等。与事故后果严重程度有关的主要因素中,首先是工人的"男子汉"作风,其次是缺乏自觉性、缺乏指导、老年职工多、不连续出勤等,证明事故发生与生产作业条件有密切关系。

事故遭遇倾向论主要论点为:

(1)当每个人发生事故的概率相等且概率极小时,一定时期内发生事故次数服从事故发生规律。大部分工人不发生事故,少数工人只发生一次,只有极少数工人发生两次以上事故。

(2)许多研究结果表明,某一段时间里发生事故次数多的人,在以后的时间里往往发生事故次数不再多了,该人并非永远是事故频发倾向者,通过数十年的实验及临床研究,很难找出事故频发者的稳定的个人特征,换言之,许多人发生事故是由于他们行为的某种瞬时特征引起的。

(3)根据事故频发倾向论,防止事故发生的重要措施是人员选择。但是许多研究表明,把事故发生次数多的工人调离后,企业的事故发生率并没有降低。例如,韦勒对司机的调查、伯纳基对铁路调车员的调查都证实调离或解雇发生事故多的工人,并没有减少伤亡事故发生率。

虽然存在如上所述事实,但企业职工队伍中存在少数容易发生事故的人这一现象并不罕见。例如,某钢铁公司把容易发生事故的人称作"危险人物",把这些"危险人物"调离原工作岗位后,企业的伤亡事故明显减少;某运输公司把发生事故多的司机定为"危险人物",规定这些司机不能担负长途运输任务,也取得了较好的预防事故效果。

一些研究表明,事故的发生与工人的年龄有关。青年人和老年人容易发生事故。此外,它与工人的工作经验、熟练程度有关。米勒等人的研究表明,对于一些危险性高的职业,工人要有一个适应时期,在此期间,新工人容易发生事故。大内田对东京都出租汽车司机的年平均事故件数进行了统计,发现平均事故数与参加工作后一年内的事故数无关,而与进入公司后工作时间长短有关。司机们在刚参加工作的头3个月里事故数相当于每年5次,之后的3年里事故数急剧减少,在第五年里则稳定在每年一次左右。这符合经过练习而减少失误的规律,表明工作熟练后可以大大减少事故。

其实,工业生产中的许多操作对操作者的素质都有一定的要求,或者说,人员有一定的职业适合性。当人员的素质不符合生产操作要求时,人在生产操作中就会发生失误或不安全行为,从而导致事故发生。危险性较高的、重要的操作,特别要求人的素质较高。例如,特种作业的场合,操作者要经过专门的培训、严格的考核,获得特种作业资格后才能从事该工作。因此,尽管事故频发倾向论把工业事故的原因归因于少数事故频发倾向者的观点是错误的,然而从职业适应性的角度来看,有关事故频发倾向的认识也有一定可取之处。

自格林伍德的研究开始,迄今有无数的研究者对事故频发倾向论的科学性问题进行了专门的研究探讨,关于事故频发倾向者存在与否的问题也一直有争议。有学者认为事故遭遇倾向是事故频发倾向论的修正,事故频发倾向者并不存在。我们认为,不能片面评价事故频发倾向论和海因里希因果连锁论(侧重于人的不安全行为)以及事故遭遇倾向论(侧重于物的不安全状态)谁对谁错以及谁好谁差,它们只是从不同的侧面来认识事故所得出的不同结论。虽然它们都具有片面性:事故频发倾向论主要从人的不安全行为角度来认识事故而把事故归因于人;海因里希因果连锁论主要从变化发展的观点来认识事故演化的过程并分析事故的原因;事故遭遇倾向论主要从物的不安全状态角度来认识事故而把事故发生归因于物,但三种理论都从不同侧面反映了事故发生、发展的不同本质特征,应当同时综合三种理论来全面地看待发生的事故。

第五节　管理失误论

基于海因里希的事故因果连锁,管理失误论认为,如果企业的管理者能够充分发挥管理技能中的控制技能,则可以有效地控制人的不安全行为和物的不安全状态。

一、博德的事故因果连锁理论

博德在海因里希事故因果连锁理论的基础上,提出了反映现代安全观点的事故因果连锁理论。

博德事故因果连锁理论认为:事故的直接原因是人的不安全行为、物的不安全状态;间接原因包括个人因素及与工作有关的因素。根本原因是管理的缺陷,即管理上存在的问题或缺陷是导致间接原因存在的原因;间接原因的存在又导致直接原因存在,最终导致事故发生。博德的事故因果连锁过程也包括五个因素,但每个因素的含义与海因里希的观点却有所不同:

(1)管理缺陷。对于大多数企业来说,由于各种原因,完全依靠工程技术措施预防事故既不经济也不现实,只有通过完善安全管理工作,才能防止事故的发生。企业管理者必须认识到,只要生产没有实现本质安全化,就有发生事故及伤害的可能性,因此,安全管理是企业管理的重要一环。

安全管理系统要随着生产的发展变化而不断调整完善,十全十美的管理系统不可能存在。安全管理上的缺陷,致使能够造成事故的其他原因随之出现。

(2)工作原因。这方面的原因是由于管理缺陷造成的。个人原因包括缺乏安全知识或技能,行为动机不正确,生理或心理有问题等;而工作条件原因包括安全操作规程不健全,设备、材料不合适,以及存在温度、湿度、粉尘、气体、噪声、照明、工作场地状况(如打滑的地面、障碍物、不可靠支撑物)等有害作业环境因素。只有找出并控制这些原因,才能有效地防止后续原因的发生,从而防止事故的发生。

(3)直接原因。人的不安全行为或物的不安全状态是事故的直接原因。这种原因是安全管理中必须重点加以追究的原因。但是,直接原因只是一种表面现象,是深层次原因的表征。在实际工作中,不能停留在这种表面现象上,而要追究其背后隐藏的管理上的缺陷,并采取有效的控制措施,从根本上杜绝事故的发生。

(4)事故。这里的事故被看作是人体或物体与超过其承受阈值的能量接触,或人体与妨碍正常生理活动的物质的接触。因此,防止事故就是防止接触。可以通过对装置、材料、工艺等的改进来防止能量的释放,或者提高操作者识别和回避危险的能力,佩带个人防护用具等来防止接触。

(5)损失。人员伤害及财物损坏统称为损失。人员伤害包括工伤、职业病、精神创伤等。

在许多情况下,可以采取恰当的措施使事故造成的损失最大限度地减小。例如,对受伤人员进行迅速正确的抢救,对设备进行抢修以及平时对有关人员进行应急训练等。

二、亚当斯的事故因果连锁理论

亚当斯提出的因果连锁模型与博德事故因果连锁理论类似,该理论把人的不安全行为和物的不安全状态称作现场失误,目的在于提醒人们注意不安全行为和不安全状态的性质。

亚当斯的事故因果连锁理论的核心在于对现场失误的背后原因进行了深入的研究。操作者的不安全行为及生产作业中的不安全状态等现场失误,是由于企业领导和安全技术人员的管理失误造成的。管理人员在管理工作中的差错或疏忽,企业领导人的决策失误,对企业经营管理及安全工作具有决定性的影响。管理失误又由企业管理体系中的问题所导致,这些问题包括:如何有组织地进行管理工作,确定怎样的管理目标,如何计划、如何实施等。管理体系反映了作为决策中心的领导人的信念、目标及规范,它决定各级管理人员安排工作的轻重缓急、工作基准及指导方针等重大问题。

第六节　能量观点的事故因果理论

在系统安全研究中,认为危险源的存在是事故发生的根本原因,防止事故就是消除、控制系统中的危险源。危险源为可能导致人员伤害或财物损失的、事故的、潜在的不安全因素。按此定义,生产、生活中的许多不安全因素都是危险源。

根据危险源在事故发生、发展中的作用,把危险源划分为两大类,即第一类危险源和第二类危险源。

根据能量意外释放论,事故是能量或危险物质的意外释放,作用于人体的过量的能量或干扰人体与外界能量交换的危险物质是造成人员伤害的直接原因。于是,系统中存在的、可能发生意外释放的能量或危险物质被称作第一类危险源。

实际工作中往往把产生能量的能力源或拥有能量的能力载体看作第一类危险源来处理,例如,带电的导体、奔驰的车辆、危险品装置、各种压力容器等。

常见的第一类危险源如下:

(1)产生、供给能量的装置、设备。

(2)使人体或物体具有较高势能的装置、设备和场所。

(3)能量载体。

(4)一旦失控可能产生能量积蓄或突然释放的装置、设备、场所,如各种压力容器等。

(5)一旦失控可能产生巨大能量的装置、设备、场所,如强烈放热反应的化工装置等。

(6)危险物质,如各种有毒、有害、可燃烧爆炸的物质等。

(7)生产、加工、储存危险物质的装置、设备和场所。

(8)人体一旦与之接触将导致人体能量意外释放的物体。

在生产和生活中,为了利用能量,让能量按照人们的意图在系统中流动、转换和做功,必须采取措施约束、限制能量,即必须控制危险源。约束、限制能量的屏蔽应该可靠地控制能量,防止能量意外释放。实际上,绝对可靠的控制措施并不存在。在许多因素的复杂作用下,约束、限制能量的控制措施可能失效,能量屏蔽可能被破坏而发生事故。导致约束、限制能量措施失效或破坏的各种不安全因素称为第二类危险源。

人的不安全行为和物的不安全状态是造成能量或危险物质意外释放的直接原因。从系统安全的观点来考察,使能量或危险物质的约束、限制措施失效、破坏的原因,即第二类危险源,包括人、物、环境三个方面的问题。

第二类危险源往往是一些围绕第一类危险源随机发生的现象,它们出现的情况决定事故发生的可能性。第二类危险源出现得越频繁,发生事故的可能性越大。

按照危险源理论,大多数伤亡事故都是因为过量的能量或干扰人体与外界正常能量交换的危险物质的意外释放引起的,而且,这种过量的能量或危险物质的意外释放都是由于人的不安全行为或物的不安全状态造成的。

依据能量意外释放理论,美国矿山局的扎别塔基斯建立了新的事故因果连锁模型。

(1)事故。事故是能量或危险物质的意外释放,是伤害的直接原因。为防止事故发生,可以通过技术改进来防止能量意外释放,通过教育训练提高职工识别危险的能力,佩戴个体防护用品来避免伤害。

(2)人的不安全行为和物的不安全状态。人的不安全行为和物的不安全状态是导致能量意外释放的直接原因,它们是管理欠缺、控制不力、缺乏知识、对存在的危险估计错误,或其他个人因素等基本原因的具体反映。

(3)基本原因。这包括三个方面的问题:企业的安全政策及决策、个人因素、环境因素。

为了从根本上预防事故,必须查明事故的基本原因,并针对查明的基本原因采取对策。

第七节　变化论和综合论

　　世界是不断运动变化的,工业生产过程的各种因素也在不断变化,针对客观的变化,事故预防工作也要随之改进,以适应变化的情况。如果管理者不能及时适应变化,则将发生管理失误;操作者不能及时适应变化,则将发生操作失误;外界条件的变化也会导致机械、设备等故障,进而导致事故。

　　约翰逊很早就注意到变化在事故发生、发展中的作用,他把事故定义为一起不希望的或意外的能量释放,其发生是由于管理者的计划错误或操作者的行为失误,没有适应生产过程中物的因素或人的因素的变化,从而导致人的不安全行为或物的不安全状态,破坏了对能量的屏蔽或控制,造成人员伤亡或财产损失。

　　在系统安全研究中,人们注重作为事故归因的人的失误和物的故障。按照变化的观点,人的失误和物的故障的发生都与变化有关。在安全管理工作中,变化被看作是一种潜在的事故致因,应该被尽早的发现并采取相应的措施。作为安全管理人员,应该注意以下的一些变化:

(1)企业内、外的变化。
(2)宏观和微观的变化。
(3)计划内和计划外的变化。
(4)实际变化和潜在的或可能的变化。
(5)时间的变化。
(6)技术的变化。
(7)人员的变化。
(8)组织的变化。
(9)操作程序的变化。

　　我国大多数安全专家认为,事故的发生不是单一因素造成的,也并非个人偶然失误或单纯设备故障所形成的,而是各种因素综合作用的结果。

　　综合论认为,事故的发生是社会因素、管理因素、生产中各种危险源被偶然事件触发所造成的结果。

　　偶然事件之所以触发,是由于生产环境条件中存在着危险源的各种事故隐患(物的不安全状态)和人的某种失误(人的不安全行为)共同构成事故的直接原因。

　　这些物质的、环境的以及人的原因是由于管理上的失误、缺陷或责任所导致的,管理问题是间接原因,也是基本原因。海运业的特殊性决定了管理因素的复杂性,包括船上管理、公司管理和公共管理三部分,而形成间接原因的因素,包括社会的经济、文化、教育、习惯、历史、法律等基础原因,统称为社会因素,即基础原因。而形成间接原因的因素,包括社会的经济、文化、教育、习惯、历史、法律等基础原因,统称为社会因素。

事故的发生过程可以表述为有基础原因的"社会因素"造成"管理因素",因而产生"生产中的危险因素",通过人与物的偶然因素触发而发生伤亡和损失。

调查分析事故的过程则与上述方向相反,通过事故现象,查询事故经过,进而分析事故的直接原因,并由此查明事故的间接原因(管理因素)和基础原因(社会因素)。

第八节　海事原因分析

海事是工业事故的一种表现形式,导致海事发生的因素与导致工业事故的因素相类似。根据事故归因理论,结合海事的特点分析海事的原因,是做好海事调查和分析的基础。海事的发生不是单一因素造成的,也并非个人偶然失误或单纯设备故障所形成的,而是社会因素、管理因素、现场因素等各种因素综合作用的结果。

海事的发生可造成人或物的损害,这些损害有的是事故直接造成的,有的是由于防护的不足或失效造成的。

偶然事件之所以发生,是由于海上环境条件中存在着危险源的各种事故隐患(物的不安全状态和不安全环境)和人的某种失误(人的不安全行为)共同构成事故的直接原因。物的不安全状态是指船舶、设备的缺陷;不安全环境是指船内环境和船舶周围环境;人的不安全行为是指船员失误。

调查分析海事的过程则应通过事故现象,向两方面进行,一是调查防护问题,包括应急设备、训练、救助等;二是查询事故经过,进而分析事故的直接原因(现场原因),并由此查明事故的间接原因(管理原因)和基础原因(社会因素)。

第二章　海事的基本概念

在海运安全管理工作中,进行海事调查和分析统计是最基本的任务。我国目前正在执行的《中华人民共和国海上交通事故调查处理条例》和《水上交通事故统计办法》(2015年版)对海上交通事故调查和船舶交通事故统计的工作内容进行了详细规定。但是,这些规定和规则内容还有不完善之处,有待进一步完善。

第一节　海事的定义

海事的定义有广义、狭义之分。

广义上的海事,泛指航运(海事事务)和海上的一切相关事项,如航海、造船、验船、海事海商法、海损事故处理等。

狭义上的海事,仅指船舶在海上航行或停泊时所发生的事故,如失火、碰撞、搁浅、触礁、浪损、沉没等。

海事一词,通常情况下泛指一切有关海洋和与之相连接水域上的一切事物。航海、造船、验船、海上法规、海损事故调查处理、港口建设及运营、航道疏浚测量与航标设置、海洋开发利用与防污染、船员教育与培训、海洋气象观测及预报等均可包含在广义的海事概念之内。

涉及海事预防工作的"海事"一词,则特指船舶或海上结构物在其运营中(包括航行、停泊及修理期间)所发生的海损事故。从船舶运输安全管理的角度,海事应定义为"船舶在其运输等经营中,对于船舶运输系统及其正常运行造成实际损害、形成紧迫威胁或构成潜伏性危害的不安全事件"。

各国海事调查统计法规中海事及其相关概念包括:国际海事组织《海事调查法规》(海安会 A.849 号决议)中的"Marine Causality"、加拿大《运输事故调查和安全法》中的"Marine Occurrence"、英国 1999 年《商船运输(事故报告和调查)规则》中的"Marine Accident"、我国《水上交通事故统计办法》中的"船舶交通事故"等。

海事概念不统一,对各种概念的定义也各不相同。对比我国与其他国家对海事相关概念的定义,如表 2-1 所示,我国《水上交通事故统计办法》中相关概念和定义存在以下不足和需改进之处。

表 2-1 各国的海事概念和定义一览表

国家或组织	概念	来源	定义
中国	船舶交通事故	《水上交通事故统计办法》(2015)	船舶发生碰撞、搁浅、触礁、触碰、浪损、火灾、爆炸、风灾、自沉事故、操作性污染,以及其他引起人员伤亡、直接经济损失或者水域环境污染的水上交通事故。在船人员自杀或者他杀事件不作为水上交通事故
英国	Marine Accident	The Merchant Shipping (Accident Reporting and Investigation) Regulations 1999	由船上事件或船舶引起的船上人员伤亡、船舶损坏或灭失、其他设备设施等物的损坏、环境污染等
加拿大	Marine Occurrence	Canadian Transportation Accident Investigation and Safety Board Act	由船上事件或船舶引起的船上人员伤亡、船舶损坏或灭失、其他设备设施等物的损坏、环境污染等
IMO	Marine Causality	Code for the Investigation of Marine Casualties and Incidents	任何与船舶作业有关的事故或事件及导致事故发生的情形
其他	Marine Occurrence	《国际海事词典》	航运事故、船上意外事故、违法事件和隐患事件的总称

一、统计规则中应加入对隐患事件的概念和定义

随着对海事调查统计数据要求的不断提高,海事统计已开始由以事故为主的事故统计,向以系统危险因素数据统计为主的非事故统计模式过渡。在海运发达国家的海事调查统计法规中,一些国家已将对各种事故危险因素数据的统计列入海事统计的范围之内。例如加拿大《运输事故与安全法》中将"Marine Occurrence"分为两类,分别定义为:

(1)任何与船舶作业有关的事故/事件。

(2)导致事故发生的情形。

MAIB海事调查统计法规中特别定义了"hazardous incident"的概念,即任何与船舶作业有关的将导致事故发生的情形。参照各国海事调查法规中的相关概念,在此提出隐患事件的概念。隐患事件是指已经引起不必要的危险,以致可能导致事故发生的情形(危险事件或危险操作)。根据统计,隐患事件在海运中经常发生。从加拿大的统计资料来看,依照强制报告的要求,2001年有239件海上隐患事件被报告,占2001年海事总数的47.23%。来自英国的统计资料显示,在MAIB 1997—1999年度报告中,隐患事件作为非强制报告的事

件,其所占统计事故/事件总数的比例达到 10%以上,如表 2-2 所示。在我国《水上交通事故统计办法》(以下简称《办法》)中,规定只对造成了具体损失的事故进行统计,未对隐患事件的概念进行定义。这一规定是造成海事统计工作局限在损失事故统计上的直接原因,其限制了海事统计数据的范围、深度和广度,已不适应海运安全管理对安全数据的发展要求。因此,在《办法》中加入对隐患事件的概念和定义已经成为行业共识。

表 2-2 MAIB 1997—1999 年隐患事件及海事统计情况表

	1997	1998	1999
隐患事件数(件)	225	192	161
统计事故(事件)总数(件)	1784	1630	1418
隐患事件所占比例(%)	12.61	11.78	11.35

二、《办法》排除了对"船员工伤和失足落水事故以及船舶发生船员、旅客自杀或他杀等事故"的统计

编者认为,需要制定相关法规对这些数据进行统计,否则将造成统计数据不全面。根据各国及海运组织对海事及相关概念的定义,从广义上看,海事概念包括在海面上发生的一切不安全的事件,是海上航行事故/事件、船上事故/事件和违法事故/事件的总称。从狭义来看,海事包括航行事故/事件和船上事故/事件。绝大多数的海运国家都对"航行事故/事件"和"船上事故/事件"进行定义和统计,而我国《办法》中只定义了相当于航行事故的船舶交通事故,排除了船员工伤和失足落水事故以及船舶发生船员、旅客自杀或他杀事故等船上事故/事件,而且,我国目前仍无相应法规对这些事故进行统计。因此,与国际海事统计数据相比,我国缺少了船上事故/事件的统计数据,统计数据不全面。

1990 年 3 月 3 日发布施行的《中华人民共和国海上交通事故调查处理条例》是根据《中华人民共和国海上交通安全法》的有关规定制定的。该条例所称海上交通事故是指船舶、设施发生的下列事故:

(1)碰撞、触碰或浪损。
(2)触礁或搁浅。
(3)火灾或爆炸。
(4)沉没。
(5)在航行中发生影响适航性能的机件或重要属具的损坏或灭失。
(6)其他引起财产损失和人身伤亡的海上交通事故。

国际海事组织海上安全委员会第 84 届会议于 2008 年 5 月 16 日经 MSC.255(84)号决议通过了《海上事故或海上事件安全调查国际标准和建议做法规则》(以下简称《事故调查规则》)。《事故调查规则》的第 I 和第 II 部分作为强制性规定于 2010 年 1 月 1 日起生效。交通运输部 2009 年第 58 号公告已对《事故调查规则》第 I 和第 II 部分内容进行公告。

《事故调查规则》的规定将海难事故定义为：

海上事故系指与船舶操作直接相关而发生的、导致下列情况的事件或事件后果：

(1) 人员死亡或严重受伤。

(2) 船上人员失踪。

(3) 船舶灭失、推定灭失或弃船。

(4) 船舶实质损坏。

(5) 船舶搁浅或不能使用，或船舶牵涉到碰撞。

(6) 会严重危及船舶本身、其他船舶或个人安全的船舶外部基础航海结构的实质损坏。

(7) 船舶或多艘船舶的损坏造成的对环境的严重损害，或潜在的严重损害。

事实上，海事的定义由于涉及海事审判、船员、海上交通安全、水上安全监督、统计等多方面相关法律的规定，因而在国际上、在一国之内的不同相关法律方面并无完全统一的严格定义。另外，从各国海事统计的实际情况来看，各国多是从造成实际损害的事故实况来进行统计的，所以作者认为，所谓海事应该指的是相当于下述各项之一的事实：

(1) 发生船舶碰撞、搁浅、倾覆、沉没、火灾、灭失和失踪的情况。

(2) 船体或主机的重要部分，或者船舶的重要设备或属具出现损坏的情况。

(3) 船舶所载货物流失或被迫抛弃而造成的货损、货差的情况。

(4) 与船舶结构、设备或其运用相关技术而出现船员或旅客伤亡的情况。

(5) 与船舶运用相关技术导致船舶以外的设施发生损害的情况。

(6) 伴随船舶和船舶以外设施受损而出现的继发性损害，如环境污染与毒害等。

前五种情况的海事也称为一次海事，最后一种情况也称为二次海事。

第二节 海事的分类

发生海事不但可能造成船毁人亡而形成巨大的直接经济损失，而且还会殃及生态环境，形成严重的环境污染与毒害。减轻或避免上述恶果的唯一途径，就是积极主动地、全面系统地、科学严密地做好防止海事发生的工作。

做好防止海事发生的工作，需从多方面着手。而海事统计则是防止海事的各种工作中的一项基础工作。然而，若无科学而严密的海事分类，则在此基础上所进行的海事统计工作对于防止海事发生所起的作用将会有极大的局限性，甚至是无的放矢。因此，科学严密地进行海事分类，其意义在于通过分类做好统计工作，以便准确掌握海事发生的概况及趋势，继而深入研究海事的成因及发展规律，正确总结经验与教训，及时制定出防止海事的有效对策，真正落实"安全第一、预防为主"的基本方针，实现船舶安全运输。

一、海事分类的基本要求

海事分类有其自身明确的服务目标，因而不能带有任何随意性。总的来说，海事分类应满足如下基本要求。

1. 海事分类应有明确的目的性

海事分类是研究和分析海事的一种基本手段,而分类本身并非目的。其最终目的是防止海事的发生,直接目的则在于方便而准确地对海事做有效的统计。

海事统计的直接目的具有多样性的特点,致使对同样数量海事做出的统计方式和种类也会有很大的不同,例如目的在于反映海事致因的统计,目的在于反映海事直接经济损失的统计,目的在于反映企业安全管理工作水平评估的统计,目的在于揭示某一船种、不同船龄的船舶、不同海区和特殊自然条件下(如台风中)海事发生的统计等。统计的直接目的不同,海事分类自然会有不同的着眼点和具体要求,也就是说,会有不同的海事分类方法。

但是,海事统计直接目的的多样性与海事统计最终目的的一致性并无根本冲突,却常常是一致的。这就为海事分类提供了一个国际间可以共同接受的基础。例如,普遍认为碰撞、搁浅、火灾等是可以作为不同品质的三类海事来加以划分的,至于在碰撞中是否需要再分为船舶碰撞和他船碰撞(即触损),在搁浅中是否再分为搁浅与触礁,在火灾中是否要细分为火灾与爆炸,甚至于再细分为机舱火灾、住舱火灾以及货舱火灾等,那就需要根据各国的情况,特别是其分类的直接目的与习惯作法予以确定。

2. 海事分类应反映深刻的科学性

各类海事作为海事的一部分应具备共同的性质,它们均属海损事故,为防止其发生,人们必须寻求对策以降低或最终防止其造成的损失,这是海事的共性;但是被分类的各类海事必须具有其各自不同、可据以分类的独特的个性或特性的矛盾,以及解决各类矛盾的独特方法。这反映了各类海事作为海事总体的特殊性质。

以碰撞海事而论,不论是船舶碰撞或他船碰撞皆因船舶在自身动力或外力作用下具有一定运动速度和方向,与碰撞物过度接近未予合理避让而发生的损害事故,其解决方法则主要都是按规则和船舶操纵性能正确实施避让。搁浅类海事,则在船舶航迹线上因可用水深低于船舶实际吃水,致船体的一部分与海底触碰而发生的损害事故,其解决方法是正确设计航线,并保证船舶行驶于该航线上。火灾是易燃物、助燃剂和火源三种因素在船上促成的损害事故,解决方法则是阻断上述三要素的相互结合。倾覆类海事,多发生于稳性不足船舶,解决的方法是在造船、装卸货和操纵中合理地解决船舶的稳性要求。浸水类海事,多因船舶水密不良,抗沉性较差,排水系统功能不足或启用不及时而造成损害事故,解决方法则是在造船和用船中确保船舶浮性、抗沉性及浸水时的稳性。对于某些船龄较高的船舶,还必须随时注意并解决好船体强度问题。

主机故障和轴系事故,以往被列入机损而并不列入海事之中。实际上从导致船舶停航或在海上导致船舶横浪甚而浸水、倾覆并最终造成船舶沉没来看,这也应该列入专门一类海事中,予以分类和统计。解决方法则应着重于主机和轴系的检查、养护与维修,并必须有足够的备品、备件予以确实的保障。

3. 海事分类应体现严密的系统性

海事致因的多重性与复杂性,使海事分类面临许多实际困难。我们面临的是一个时间、空间、自然因素、船舶因素、航道因素、交通因素乃至船员因素等构成的多维空间系统。就海事分类严密性的一般意义而言可从两个方面来考虑：一是要求所分各类海事的总和应能全部覆盖发生过的所有海事；二是要求各海事分类应有明确的界限，而且详细适度、易于操作，以便真正做到所提出的海事分类方法有助于找出各类海事的不同致因要素，有助于掌握发生各类海事的主要趋势，确定应对各类海事的应急措施，更有助于从系统工作角度提出较全面的治本对策。

有的海事尽管由多种原因产生，究竟将其归入何类海事较为妥当，则应在全面分析海事致因基础上，找出其初始原因和主要原因来确定其所属海事种类。

二、有关我国海事分类标准

根据我国交通运输部颁发的《水上交通事故统计办法》（该办法已于2014年9月18日经第8次部务会议通过，自2015年1月1日起施行），应列入船舶海损事故报表的海事分类共十类，分别是：

(1) 碰撞事故。

(2) 搁浅事故。

(3) 触礁事故。

(4) 触碰事故。

(5) 浪损事故。

(6) 火灾、爆炸事故。

(7) 风灾事故。

(8) 自沉事故。

(9) 操作性污染事故。

(10) 其他引起人员伤亡、直接经济损失或者水域环境污染的水上交通事故。

各类海损事故的具体含义为：

(1) 碰撞：指船舶与船舶（包括排筏、水上浮动工具）相互间碰撞而致损的事故。

(2) 搁浅：指船舶搁置在浅滩上，造成停航12小时以上或损坏的事故。

(3) 触礁：指船舶触碰或搁置在礁石上的致损事故。

(4) 触碰：指船舶触碰岸壁、码头、航标、桥墩、钻井平台等固定物，或沉船、沉树、木桩、鱼栅等水下障碍物而致损的事故。

(5) 浪损：指船舶余浪冲击他船而致损的事故。

(6) 风灾：指船舶遭受强风袭击而致损的事故。

(7) 火灾：指船舶遭受雷电、爆炸、火烧而致损的事故。

(8) 其他：凡不属于上述原因而造成船舶沉没、损坏或船员、旅客伤亡的事故。

三、有关国外海事分类标准

国际海事组织示范课程"海事管理者和调查员"中第三部分"海事调查"将海事分为下

列几个级别：

(1)沉没：包括恶劣天气、渗漏、断裂造成的沉没，但不包括下述所列事故造成的海事。

(2)失踪：经过相当一段时间，没有从一艘船舶收到任何消息，其结局不能确定，该船应被宣布为失踪。

(3)火灾和爆炸：船舶发生火灾和爆炸，以及由其引起的其他事故。

(4)碰撞：船舶被另一艘船撞击，不论该船是在航行、锚泊或系岸。

(5)触碰：船舶撞击外界物质，包括钻井架或平台，但不包括撞击另一艘船舶或海底。

(6)搁浅：船舶触碰海底、沙坝、浅滩、海岸等，包括被沉船刮碰。

(7)恶劣天气和冰损：由于大浪或天灾引起的重大损坏和冰损。

(8)船体和机器设备、机器损坏：主机丧失机动性。

(9)其他：任何上述没有列出，且能引起严重损失的事故。

从以上各种海事分类及类别的含义中，可以看出分类结果有很大的差别，而且可以看出同一名词的海事类别在不同的分类中，含义也不完全相同。然而，这些差异并不妨碍每一个分类及其定义方法自成系统，且都有助于海事的研究。

根据海事分类的基本要求，结合国外的海事分类标准。编者建议的海事分类方法为：

(1)碰撞：指船舶与船舶、船舶与其他港内设施因碰撞而致一方受损的海事，具体可分为船船碰撞和他船碰撞两类。

(2)搁浅：因可用水深低于船舶实际吃水，使船舶搁于水下固定碍航物之上，致船舶受损或停航时间超过××小时以上的海事，具体可分为搁浅与触礁两类。

(3)火灾：指船舶因失火、爆炸而致损的海事，具体可分为燃烧与爆炸两类。

(4)浸水：指船舶因水密不良，排水能力较差而浸水致损的海事。

(5)倾覆：指船舶因稳性不足而致船过度倾斜翻沉的海事。

(6)故障：指船舶因主机等出现故障而致船舶受损或停航××小时以上的海事，具体可分为主机故障、轴系故障和舵设备故障三类。

(7)浪沉：指船舶因风浪致船体裂纹损害而沉没失踪的海事。

(8)伤亡：指与船舶营运相关而发生的船员与旅客非正常死亡与伤害的海事。

与我国现行海事分类规定相比较，这里建议的海事分类方法的优点是：符合海事分类的基本要求，各类海事容易界定，所得统计结论针对性强，较易得出正确的防止海事对策并希望就此开展更深入的研讨。

第三节 海事的分级

海事分级是了解事故状况的一种方式。海事分级涉及两个问题，一是级别的确定，二是级别的划分标准。

一、海事的级别

各国对海事级别的划分大同小异,一般按事故后果的严重程度分为重大事故、大事故和一般事故。按照国际海事组织的定义,各级事故分别定义为:

(1)重大事故,是指涉及船舶全损、船舶人员灭失和严重污染的船舶事故。

(2)大事故,指除了重大事故外涉及火灾、爆炸、碰撞、搁浅、触碰、自然灾害、船体断裂或可能的船体缺陷等造成主机失灵或严重的结构损坏(例如水下船体破裂),使船舶不能航行的事故;污染事故(不论污染数量的多少);必须由拖船或岸上协助的船舶故障。

(3)一般事故,指除重大事故和大事故以外的造成具体损失的船舶事故,包括隐患事件。

二、海事的分级标准

1. 我国的海事分级标准

我国的水上交通事故按照人员伤亡、直接经济损失或者水域环境污染情况等要素,分为以下等级:

(1)特别重大事故,指造成 30 人以上死亡(含失踪)的,或者 100 人以上重伤的,或者船舶溢油 1 000 吨以上致水域污染的,或者 1 亿元以上直接经济损失的事故。

(2)重大事故,指造成 10 人以上 30 人以下死亡(含失踪)的,或者 50 人以上 100 人以下重伤的,或者船舶溢油 500 吨以上 1 000 吨以下致水域污染的,或者 5 000 万元以上 1 亿元以下直接经济损失的事故。

(3)较大事故,指造成 3 人以上 10 人以下死亡(含失踪)的,或者 10 人以上 50 人以下重伤的,或者船舶溢油 100 吨以上 500 吨以下致水域污染的,或者 1 000 万元以上 5 000 万元以下直接经济损失的事故。

(4)一般事故,指造成 1 人以上 3 人以下死亡(含失踪)的,或者 1 人以上 10 人以下重伤的,或者船舶溢油 1 吨以上 100 吨以下致水域污染的,或者 100 万元以上 1 000 万元以下直接经济损失的事故。

(5)小事故,指未达到一般事故等级的事故。

《生产安全事故报告和调查处理条例》已于 2007 年 3 月 28 日经国务院第 172 次常务会议通过,自 2007 年 6 月 1 日起施行。该条例规定,根据我国生产安全事故(以下简称事故)造成的人员伤亡或者直接经济损失,事故一般分为以下等级:

(1)特别重大事故,是指造成 30 人以上死亡,或者 100 人以上重伤(包括急性工业中毒,下同),或者 1 亿元以上直接经济损失的事故。

(2)重大事故,是指造成 10 人以上 30 人以下死亡,或者 50 人以上 100 人以下重伤,或者 5 000 万元以上 1 亿元以下直接经济损失的事故。

(3)较大事故,是指造成 3 人以上 10 人以下死亡,或者 10 人以上 50 人以下重伤,或者

1 000万元以上5 000万元以下直接经济损失的事故。

（4）一般事故，是指造成3人以下死亡，或者10人以下重伤，或者1 000万元以下直接经济损失的事故。

这种以相对直接经济损失确定事故级别的做法对于单个事故船舶而言有一定程度的合理性；与价值达几千万的大船发生事故造成几万的直接损失相比，对本船的影响和给人们的印象显然不一样。但是，从国家实施海上交通安全监督管理的角度看，似乎应以事故造成直接经济损失的绝对数字为统一标准划分事故等级为可取。

此外，1990年10月20日交通部交通安全委员会发出《关于报告船舶重大事故隐患的通知》，要求交通部下属单位自1991年1月1日起上报船舶重大事故隐患，其目的在于掌握船舶重大事故隐患，分析研究事故隐患原因，总结经验教训，采取有效措施，防止重大事故的发生。该通知将船舶重大事故隐患定义为：船舶由于严重违章，操作人员过失，机电设备故障或其他因素等，虽未直接造成伤亡或经济损失，但潜伏着极大险情和严重威胁船舶（旅客、船员、货物）安全及性质严重的重大隐患。该通知将船舶重大隐患事故分为四类：

（1）严重违章。严重违反安全航行和防火规定，船舶超载、超速、违章追越、违章抢航、违章抢槽、违章明火作业、违章装载、运输危险物等。

（2）操作人员过失。在航行、锚泊或靠离泊时，由于操作人员失误，疏忽瞭望，擅离职守，助航设备、通信设备和信号使用不当等。

（3）机电设备故障。船舶主机、副机、舵机、机件、电气或通信设备、应急设备失灵等故障。

（4）其他因素。《海上交通事故调查处理条例》第三十四条规定："对违反海上交通安全管理法规进行违章操作，虽未造成直接的交通事故，但构成重大潜在事故隐患的，海事局可以依据本条例进行调查和处罚。"故也可以将船舶重大事故隐患考虑为我国海事分级的最低海事等级，这种考虑符合"安全第一"和"预防为主"的基本原则和基本精神。

2. 国外的海事分级标准

国际海事组织于1997年11月27日通过国际海事组织A.849(20)决议，《海事调查规则》的规定将海事分为两个级别：

（1）非常重大事故指导致船舶全损、人员失踪或严重污染的事故。

（2）重大事故指未达到非常重大事故但符合以下条件：

①火灾、爆炸、搁浅、触损、遭受恶劣天气致损、冰损、船体破损或可疑的船体缺陷，或导致以上损坏的事故。

②船舶结构损坏导致船舶不适航，例如船体水下部分穿孔、主机停转、大面积船舱损坏等。

③污染（不管数量大小）。

④船舶故障而需要拖船或岸上协助的。

实际上该规则将事故分为三个级别，即未达到非常重大事故和重大事故标准的事故为第三类事故。

国际海事组织在2000年海上安全委员会第953号通函和环境保护委员会第372号通函中规定,要求各成员国行政机关按标准格式向国际海事组织上报海事的调查报告,其中将海事分为四个级别:

(1)特别重大事故指导致船舶全损、人员失踪或严重污染的事故。

(2)重大事故指未达到非常重大事故但符合以下条件:

①火灾、爆炸、搁浅、触损、遭受恶劣天气致损、冰损、船体破损或可疑的船体缺陷,或导致以上损坏的事故。

②船舶结构损坏导致船舶不适航,例如船体水下部分穿孔、主机停转、大面积船舱损坏等。

③污染(不管数量大小)。

④船舶故障而需要拖船或岸上协助的。

(3)大事故指未达到特别重大事故和重大事故标准,但能获得有意义资料的事故。

(4)海上意外事故指未能达到以上三类事故标准,但能获得有意义资料的事故。

日本海上保安厅的事故定义表中将船舶事故造成的原油溢出量列为事故分级标准之一,如表2-3所示。

表2-3 日本海上保安厅的重大事故定义表

	全损 A	原油溢出 B	人命损失 C
大事故	500 总吨	500 加仑	5 人
重大事故	3 000 总吨	3 000 加仑	20 人
特别重大事故	20 000 总吨	20 000 加仑	100 人

美国有关海事法规明确规定了要向美国海岸警卫队报告并由其进行调查的海事的等级标准和由美国国家运输安全委员会进行调查的重大海损事故的等级标准。

如果船舶发生的海事达到下列标准之一,就应向美国海岸警卫队报告并由其进行调查。

(1)任何事故性搁浅和任何故意的搁浅(达到任何其他报告标准或对航行、环境或船舶的安全造成危害)。

(2)主推进装置或主要操舵装置或任何附件或控制系统灭失,而且这一灭失造成船舶操纵能力降低。

(3)影响船舶适航性或营运航线合理性的重大损害。

(4)人员伤亡。

(5)造成一名人员丧失能力达72小时以上的受伤。

(6)所有虽未达到上述标准但造成25 000美元以上财产损失的事件。

如果船舶发生的海事达到下列标准之一,即被认为是重大海损事故,并由美国国家运输安全委员会进行调查:

(1)6名或6名以上人员的死亡。
(2)总吨位为100或100以上的机动船灭失。
(3)初步估计财产损失在50万美元以上。
(4)有害物质对人命、财产和环境造成严重威胁。

第三章 海事报告制度

海事报告是指船舶在航行途中遭遇海事致使所载货物受损,船长向主管部门、货主、保险公司等提交的申述船长和全体船员已采取一切力所能及的措施保护船货和货物受损状况报告。如船舶在航行中或停泊中发生碰撞、失火、触礁、搁浅等海损事故。

据此,因人力不可抗拒所造成的损失,船方可以不接受任何方面对他提出的索赔要求。如果租船人违反了租船条约,或按一个过高价格征收费用,船长也可做出海事报告。原则上海事报告应在船舶到港后尽快交予本国驻当地的领事馆或其他有关各方。海事报告是单方面的事实纪录,不得作为承运人就此可以免责的唯一证明文件。保险公司在确定赔付以前,除参阅海事报告外,还要进行一系列检验工作。

第一节 海事报告概述

一、海事报告的主要内容

发生海损事故后,船长应当及时向海事主管机关递交海事报告。目前各国对海事报告的要求和作法不一。有的要求把事实经过并入海事声明之中;有的要求在航海日志和轮机日志中写明;有的只要求提供海事声明,不要求另行提供海事报告。

按照我国《船舶海事签证办法》的规定,"海事报告"是指船舶发生事故后,向签证机关递交并要求办理签证的书面报告。由此可见,我国的海事报告是一份与海事声明并列的单独的文件。一般来说,海事报告应当包括事故的时间、地点、详细经过、原因和损害以及船方所采取的措施等内容。

二、海事报告递交时的附随文件

相关法律规定,船方在递交海事报告时还应一并附上以下几份文件:
(1)有关船舶技术状态的记载。
(2)受损部分的简图。
(3)有关海图和原航线、船位等记录(标明发生事故前后的船舶动态)。
(4)航海日志和轮机日志的摘要(发生事故前12小时起),必要时应附航海日志和轮机日志。
(5)与海损事故有关的其他文件。

三、海事事故报告制度

(1)事故发生后,事故现场有关人员应当立即向部门负责人报告。部门负责人接到报告后,应当于1小时内向事故发生地海事监督管理部门和负有安全生产监督管理职责的有关部门报告。

情况紧急时,事故现场有关人员可以直接向事故发生地海事安全生产监督管理部门和负有安全生产监督管理职责的有关部门报告。

(2)海事监督管理部门和负有安全生产监督管理职责的有关部门接到事故报告后,应当依照下列规定上报事故情况,并通知公安机关、劳动保障行政部门、工会和人民检察院。

特别重大事故、重大事故逐级上报至国务院安全生产监督管理部门和负有安全生产监督管理职责的有关部门。

较大事故逐级上报至省、自治区、直辖市人民政府安全生产监督管理部门和负有安全生产监督管理职责的有关部门。

一般事故上报至设区的市级人民政府安全生产监督管理部门和负有安全生产监督管理职责的有关部门。

海事监督管理部门和负有安全生产监督管理职责的有关部门依照前款规定上报事故情况,应当同时报告本级人民政府。国务院安全生产监督管理部门和负有安全生产监督管理职责的有关部门以及省级人民政府接到发生特别重大事故、重大事故的报告后,应当立即报告国务院。

必要时,安全生产监督管理部门和负有安全生产监督管理职责的有关部门可以越级上报事故情况。

(3)海事监督管理部门和负有安全生产监督管理职责的有关部门应逐级上报事故情况,每级上报的时间不得超过2小时。

(4)报告事故应当包括下列内容:
①事故发生单位概况。
②事故发生的时间、地点以及事故现场情况。
③事故的简要经过。
④事故已经造成或者可能造成的伤亡人数(包括下落不明的人数)和初步估计的直接经济损失。
⑤已经采取的措施。
⑥其他应当报告的情况。

(5)事故报告后出现新情况的,应当及时补报。

自事故发生之日起30日内,事故造成的伤亡人数发生变化的,应当及时补报。

(6)当事故发生时有关部门负责人接到事故报告后,应当立即启动事故响应应急预案,或者采取有效措施,组织抢救,防止事故扩大,减少人员伤亡和财产损失。

（7）事故发生地有关地方海事局、安全生产监督管理部门和负有安全生产监督管理职责的有关部门接到事故报告后，其负责人应当立即赶赴事故现场，组织事故救援。

（8）事故发生后，有关部门和人员应当妥善保护事故现场以及相关证据，任何部门和个人不得破坏事故现场、毁灭相关证据。

因抢救人员、防止事故扩大以及疏通交通等原因，需要移动事故现场物件的，应当做出标志，绘制现场简图并做出书面记录，妥善保存现场重要痕迹、物证。

（9）事故发生部门应当认真吸取事故教训，落实防范和整改措施，防止事故再次发生。防范和整改措施的落实情况应当接受职工的监督。

海事监督管理部门和负有安全生产监督管理职责的有关部门应当对事故发生单位落实防范和整改措施的情况进行监督检查。

（10）事故处理的情况由负责事故调查的海事局或者其授权的有关部门、机构向社会公布，依法应当保密的除外。

第二节　海事报告的国内规定

我国现在没有关于报告海事的专门法规，但在许多海事法规中对海事报告这一事宜做出了明确的规定。主要规定内容如下：

一、中华人民共和国海上交通安全法

《中华人民共和国海上交通安全法》第二章中，专门对海上交通事故报告做出了五条规定，具体规定如下：

第五条　船舶、设施发生海上交通事故，必须立即用甚高频电话、无线电报或其他有效手段向就近港口的港务监督报告。报告的内容应当包括：船舶或设施的名称、呼号、国籍、起讫港，船舶或设施的所有人或经营人名称，事故发生的时间、地点、海况以及船舶、设施的损害程度、救助要求等。

第六条　船舶、设施发生海上交通事故，除应按第五条规定立即提交扼要报告外，还必须按下列规定向港务监督提交"海上交通事故报告书"和必要的文书资料：

（一）船舶、设施在港区水域内发生海上交通事故，必须在事故发生后24小时内向当地港务监督提交。

（二）船舶、设施在港区水域以外的沿海水域发生海上交通事故，船舶必须在到达中华人民共和国的第一个港口后48小时内向港务监督提交；设施必须在事故发生后48小时内用电报向就近港口的港务监督报告"海上交通事故报告书"要求的内容。

（三）引航员在引领船舶的过程中发生海上交通事故，应当在返港后24小时内向当地港务监督提交"海上交通事故报告书"。

前款(一)、(二)项因特殊情况不能按规定时间提交"海上交通事故报告书"的,在征得港务监督同意后可予以适当延迟。

第七条 "海上交通事故报告书"应当如实写明下列情况:

(一)船舶、设施概况和主要性能数据。

(二)船舶、设施所有人或经营人的名称、地址。

(三)事故发生时间和地点。

(四)事故发生时的气象和海况。

(五)事故发生的详细经过(碰撞事故应附相对运动示意图)。

(六)损害情况(附船舶、设施受损部位简图,难以在规定时间内查清的,应于检验后补报)。

(七)船舶、设施沉没的说明其沉没概位。

(八)与事故有关的其他情况。

第八条 海上交通事故报告必须真实,不得隐瞒或捏造。

第九条 因海上交通事故致使船舶、设施发生损害,船长、设施负责人应申请中国当地或船舶第一到达港地的检验部门进行检验或鉴定,并应将检验报告副本送交港务监督备案。

前款检验、鉴定事项,港务监督可委托有关单位或部门进行,其费用由船舶、设施所有人或经营人承担。

船舶、设施发生火灾、爆炸等事故,船长、设施负责人必须申请公安消防监督机关鉴定,并将鉴定书副本送交港务监督备案。

二、中华人民共和国海上交通事故调查处理条例

《中华人民共和国海上交通事故调查处理条例》是根据《中华人民共和国海上交通安全法》制定的有关海事调查处理事宜的具体法规。该条例的第二章与《中华人民共和国海上交通安全法》完全相同,只是第七章对海事报告做了特别规定,其规定如下:

第一条 中国籍船舶在中华人民共和国沿海水域以外发生的海上交通事故,其所有人或经营人应当向船籍港的港务监督报告,并于事故发生之日起60日内提交"海上交通事故报告书"。如果事故在国外诉讼、仲裁或调解,船舶所有人或经营人应在诉讼、仲裁或调解结束后60日内将判决书、裁决书或调解书的副本或影印件报船籍港的港务监督备案。

第二条 派往外国籍船舶任职的持有中华人民共和国船员职务证书的中国籍船员对海上交通事故的发生负有责任的,其派出单位应当在事故发生之日起60日内向签发该职务证书的港务监督提交"海上交通事故报告书"。

三、生产安全事故报告和调查处理条例

《生产安全事故报告和调查处理条例》是为了规范生产安全事故的报告和调查处理,落实生产安全事故责任制,防止和减少生产安全事故而制定的,该规定的第二章事故报告对报

告事宜做了明确的规定。

第九条 事故发生后,事故现场有关人员应当立即向本单位负责人报告;单位负责人接到报告后,应当于1小时内向事故发生地县级以上人民政府安全生产监督管理部门和负有安全生产监督管理职责的有关部门报告。

情况紧急时,事故现场有关人员可以直接向事故发生地县级以上人民政府安全生产监督管理部门和负有安全生产监督管理职责的有关部门报告。

第十条 安全生产监督管理部门和负有安全生产监督管理职责的有关部门接到事故报告后,应当依照下列规定上报事故情况,并通知公安机关、劳动保障行政部门、工会和人民检察院:

(一)特别重大事故、重大事故逐级上报至国务院安全生产监督管理部门和负有安全生产监督管理职责的有关部门。

(二)较大事故逐级上报至省、自治区、直辖市人民政府安全生产监督管理部门和负有安全生产监督管理职责的有关部门。

(三)一般事故上报至设区的市级人民政府安全生产监督管理部门和负有安全生产监督管理职责的有关部门。

安全生产监督管理部门和负有安全生产监督管理职责的有关部门依照前款规定上报事故情况,应当同时报告本级人民政府。国务院安全生产监督管理部门和负有安全生产监督管理职责的有关部门以及省级人民政府接到发生特别重大事故、重大事故的报告后,应当立即报告国务院。

必要时,安全生产监督管理部门和负有安全生产监督管理职责的有关部门可以越级上报事故情况。

第十一条 安全生产监督管理部门和负有安全生产监督管理职责的有关部门逐级上报事故情况,每级上报的时间不得超过2小时。

第十二条 报告事故应当包括下列内容:

(一)事故发生单位概况。

(二)事故发生的时间、地点以及事故现场情况。

(三)事故的简要经过。

(四)事故已经造成或者可能造成的伤亡人数(包括下落不明的人数)和初步估计的直接经济损失。

(五)已经采取的措施。

(六)其他应当报告的情况。

第十三条 事故报告后出现新情况的,应当及时补报。

自事故发生之日起30日内,事故造成的伤亡人数发生变化的,应当及时补报。道路交通事故、火灾事故自发生之日起7日内,事故造成的伤亡人数发生变化的,应当及时补报。

第十四条 事故发生单位负责人接到事故报告后,应当立即启动事故相应应急预案,或者采取有效措施,组织抢救,防止事故扩大,减少人员伤亡和财产损失。

第十五条 事故发生地有关地方人民政府、安全生产监督管理部门和负有安全生产监督管理职责的有关部门接到事故报告后,其负责人应当立即赶赴事故现场,组织事故救援。

第十六条 事故发生后,有关单位和人员应当妥善保护事故现场以及相关证据,任何单位和个人不得破坏事故现场、毁灭相关证据。

因抢救人员、防止事故扩大以及疏通交通等原因,需要移动事故现场物件的,应当做出标志,绘制现场简图并做出书面记录,妥善保存现场重要痕迹、物证。

第十七条 事故发生地公安机关根据事故的情况,对涉嫌犯罪的,应当依法立案侦查,采取强制措施和侦查措施。犯罪嫌疑人逃匿的,公安机关应当迅速追捕归案。

第十八条 安全生产监督管理部门和负有安全生产监督管理职责的有关部门应当建立值班制度,并向社会公布值班电话,受理事故报告和举报。

四、水上交通事故统计办法

该办法是为了有效组织水上交通事故的统计工作,保障水上交通事故统计资料的准确、及时、完整,提高水上交通安全管理水平而制定的。该办法第五条至第十八条对水上交通事故统计事宜做了专门的规定,详见附录一。

五、中华人民共和国海事局事故报告要求

交通运输部海事局对中国籍船舶发生事故、险情后的报告加强了管理,要求船舶和公司严格执行报告要求。

中华人民共和国海事局规定的事故报告法律依据主要有:《中华人民共和国海上交通事故调查处理条例》、《水上交通事故统计办法》(交通运输部 2104 年第 15 号令)、《中华人民共和国船员条例》(国务院令第 494 号)、《中华人民共和国航运公司安全与防污染管理规定》(交通部令 2007 年第 6 号)、《关于开展对船上安全操作过程中发生的人员伤亡事故调查的通知》(沪海通航[2009]702 号)、《中华人民共和国海上交通事故调查处理条例》、《中华人民共和国海上海事行政处罚规定》(2003 年第 8 号)等。

具体的报告要求如下:

(一)发生水上交通事故后报告(包括工伤事故、污染事故)

1. 中华人民共和国管辖水域内发生事故

(1)船舶在中华人民共和国管辖水域内发生水上交通事故,应当按有关规定及时向事故发生地海事管理机构报告(或者就近港口的海事管理机构报告)。

(2)中国籍船舶的所有人、经营人或者管理人应当向登记注册地人民政府交通运输主管部门报告。

(3)中国籍船舶发生事故、重大险情或者被滞留时,航运公司应当尽快向船籍港所在地的交通部直属海事管理机构或者省级交通主管部门所属的海事管理机构报告。

2. 中华人民共和国管辖水域以外发生事故

（1）中国籍船舶在中华人民共和国管辖水域以外发生水上交通事故，中国籍船舶所有人、经营人或者管理人应当在事故发生后 24 小时内向船籍港海事管理机构报告。如果事故在国外诉讼、仲裁或调解，船舶所有人或经营人应在诉讼、仲裁或调解结束后 60 日内将判决书、裁决书或调解书的副本或影印件报船籍港的海事管理机构。

（2）派往外国籍船舶任职的持有中华人民共和国船员职务证书的中国籍船员对海上交通事故的发生负有责任的，其派出单位应当在事故发生之日起 60 日内向签发该职务证书的海事机构提交"海上交通事故报告书"。

（3）中国籍船舶发生事故、重大险情或者被滞留时，航运公司应当尽快向船籍港所在地的交通运输部直属海事管理机构或者省级交通主管部门所属的海事管理机构报告。

（二）所报告的船籍港海事管理机构部门

（1）涉及事故、重大险情（事后）——通航管理处。

（2）被滞留或 PSC 检查中被开具归结为涉及 ISM 规则的缺陷——船舶监督处。

有关中国海事报告，需要特别注意的是：

（1）船舶在国外发生事故，只要当地海事部门介入了，无论事故大小，无论责任轻重，甚至完全无责任，当地海事部门会通知中华人民共和国交通运输部海事局，交通运输部海事局会向船籍港海事局进行调查，如果航运公司事故发生时没有报告，船籍港海事局将对航运公司进行相应的处罚。

（2）除了 PSC 检查中被滞留外，当开具归结为船舶 ISM 规则的缺陷（代码以数字 15 开头）时，也需向海事部门报告，并且要求公司提交后续的相关整改报告，两个月内海事局要向航运公司进行缺陷整改验证。所以要求船、岸做好船舶日常管理工作，防止出现 ISM 缺陷事情的发生。

第三节　海事报告的国际规定

国际海事组织是联合国主管全球海上安全、防止船舶污染海洋环境的专门机构。在其制定或通过的国际公约、大会决议、规则及通函中对海事报告及调查结果提出了许多要求与建议。其他一些国际公约也有海事报告的规定，主要内容如下：

一、1974 年《国际海上人命安全公约》

该公约第三部分（海事）第二十一条第二款规定，各缔约国政府保证向国际海事组织提供关于海事调查结果的有关资料；而国际海事组织以这一资料为基础而提出的任何报告或建议不应泄露有关船舶身份的国籍或以任何方式确定或暗示任何船舶与人员的责任。而 1966 年《国际载重级公约》也有类似的规定。

二、国际海事组织关于1973年《国际防止船舶造成污染公约》的1978年议定书中关于涉及有害物质事故报告的规定

该议定书是出于防止船舶污染海洋环境的根本目的,并根据1973年《国际防止船舶造成污染公约》及其1978年议定书做出的。

就本议定书而言:

(1)"有毒有害物质污染事故"(以下称"污染事故")系指任何一起或同一起源(包括火灾和爆炸)的一系列造成或可能造成有毒有害物质排放、泄漏或释放,对海洋环境或对一个或多个国家的海岸线或有关利益方构成或可能构成威胁,需要采取紧急行动或立即反应的事故。

(2)"有毒有害物质"系指除油类以外的、如果进入海洋环境便可能对人类健康造成危害、对生物资源和海洋生物造成损害、对宜人环境造成破坏或对海洋的其他合法使用造成干扰的任何物质。

(3)海港和有毒有害物质装卸设施系指船舶在其中装入或卸下此种物质的港口或设施。

第一条 报告的责任

(1)涉及本议定书第一条中所述事故的船舶的船长或负责管理该船的其他人员,应毫不迟延地尽可能按照本议定书的规定,对事故做出详细的报告。

(2)如果本条(1)中所述的船舶被放弃,或者该船所做的报告不完整或得不到该船的报告,则该船的船东、租船人、经理人或经营人,或者他们的代理人,应尽可能担负起本议定书中所规定的船长的责任。

第二条 报告的时间

事故涉及下述情况时,便应做出报告:

(1)由于船舶或其设备受损,成为保障船舶安全和救助海上人命,对散装运输的油类或有毒液体物质的排放或可能的排放。

(2)包装货物或集装箱、可移动罐柜或公路及铁路槽罐车和船载驳船的有害物质向海上排放或可能的排放。

(3)船舶运行时,油类和有毒液体物质的排放超出本公约允许的数量或瞬间排放率。

第三条 报告的内容

在任何情况下,报告应包括:

(1)船舶的特征。

(2)事故发生的时间、种类和地理位置。

(3)有害物质的数量和类别。

(4)援助和救助的措施。

第四条 补充报告

根据本议定书规定有责任发送报告的任何人,如有可能:

(1)在必要时,应对最初的报告提供关于进一步发展的情况。

(2)尽可能地满足受影响国家索取有关补充资料的要求。

第五条 报告的程序

(1)通过当时可利用的最快的电信通信渠道并尽可能最优先地将报告发送给最近的沿海国。

(2)为执行本议定书的规定,本公约的缔约国应按照本组织制定的指南,颁发或敦促颁发关于报告有害物质事故应遵循的程序的规定或指令。

三、国际海事组织于 1997 年 11 月 27 日通过的 A.849(20)决议《海事调查规则》

该规则的第十二条向国际海事组织上报海事报告和意见中规定主导调查国应在海事调查后,将最后的报告上报国际海事组织,并发布公告,其具体规定如下:

1. 向国际海事组织上报海事报告和意见

(1)主导调查国应给所有有实质性相关利益的国家一份最后报告的草稿,请他们尽快对报告提出重大实质性的意见。如果主导调查国在 30 天内或是在约定的期限内收到反馈意见,它应在对最后报告进行修正时,将这些反馈意见的基本内容体现在最后报告中,或把这些意见附加在最后报告中。如果主导调查国在约定的期限后没有收到其他意见,它应按要求把最后报告上报国际海事组织,并公布报告。

(2)船旗国应向国际海事组织报告充分参与由另一个有实质性相关利益国家执行的调查,并必须根据国际海事组织公约履行自己的义务。

(3)通过增强对促成事故的因素的认识,能提高对海上人命安全和海洋环境的保护,为此,有关海事情况和原因的报告或报告的一部分应尽快完成,并使之向公众和航运界公布。

(4)如果一个有实质性相关利益的国家不同意(1)中提到的报告的全部或部分内容,它有权向组织提供自己的报告。

(5)执行海事调查的国家在确定有必要采取紧急的行动时,有权向适当的相关机构提出临时的安全建议。

2. 海事调查的重新开展

当发现有关海事的新证据时,应对这个证据进行充分评价并知会其他有实质性相关利益的国家,以确定证据的真实性。假如新证据会从根本上改变对海事发生时情况的判定,并且可能会大大地改变与事故原因和导出的建议评论相关的调查结果,相关国家应重新考虑他们的调查结果。

3. 报告内容

(1)为了方便船舶提交海事调查报告,每个报告应遵从(2)中列出的基本格式。

(2)只要可能,报告应包括:

①一个概括事故基本情况的纲要,注明是否导致人员死亡或污染。

②船旗国、船东、经营人、公司和船级社的名称。

③有关船舶的大小尺度和机器的详细情况,另外有关船员、日常工作惯例和其他相关事宜的描述,比如在船任职时间等。

④有关事故情况的详细描述。

⑤报告中的分析和评论应使报告得出的结论合理,或报告所获得的结果包含有促成事故的所有因素。

⑥分析和评论事故原因要素的章节,包括符合国际海事组织海事数据单元要求的自然和人为因素。

⑦只要可行,提出对防止同类事故再次发生的建议。

四、海上事故或海上事件安全调查国际标准和建议做法规则(事故调查规则)

国际海事组织于 2008 年 5 月在第 84 次海上安全委员会上通过了《海上事故或海上事件安全调查国际标准和建议做法规则》(以下简称《规则》),并纳入《国际海上人命安全公约》第Ⅺ章Ⅰ部分。《规则》的制定是为了船旗国、沿岸国、国际海事组织以及整个航运业的利益,而便利海事调查。

《规则》由总则、强制标准和推荐做法三个部分共二十六章组成,其中第Ⅰ和第Ⅱ部分属于强制性实施,第Ⅲ部分属于推荐性做法。《规则》第Ⅰ部分包括目的、定义以及第Ⅱ部分和第Ⅲ部分的章节的适用范围;第Ⅱ部分包括海事调查机关、通知、重大海上事故的调查要求、协商实施海事调查、调查权力以及海事调查报告等十一章内容;第Ⅲ部分包括管理职责、调查原则等十二章内容。《规则》明确了五个重要定义:

(1)海上事故。系指与船舶营运直接相关,并导致以下任何后果的一个情况或一系列情况:人员死亡或重伤;船上人员失踪;船舶全损、推定全损或弃船;船舶实质性损害;船舶触礁、搁浅或丧失航行能力,或船舶碰撞;船舶外部的基础构造实质性受损,导致有可能危及到本船、他船或人员的安全;船舶受损造成严重环境污染或潜在的严重环境污染。海上事故不包括意在造成对船舶、人员的安全或环境损害的故意或放任行为。

(2)海上事件。系指除海上事故外,与船舶营运直接有关的或者处置不当将会危及船舶、船上人员或任何其他人员或者环境安全的情况或一系列情况。海上事件不包括意在造成对船舶、人员的安全或环境损害的故意或放任行为。

(3)海事安全调查。系(通常指一国)针对海上事故或海上事件而开展的旨在预防事故再次发生的调查或询问。此种调查包括证据收集、分析,原因因素界定以及在必要时提出安全管理建议。

(4)海事安全调查国。系指船旗国或依据本规则经多方协商决定负责海事安全调查的有关国家。

(5)实质利益国。系指下述国家:海上事故或海上事件中当事船舶的船旗国;海上事故或海上事件发生地的沿岸国;由于海上事故,该国的环境受到了严重污染(包括国际法规认可的该国内水或领海);海上事故或海上事件造成或可能造成该国或该国有管辖权的人工岛屿、装置以及构筑物等严重损害;海上事故造成该国人员死亡或重伤;海事安全调查国认为该国控制着对事故调查有用的重要信息;海事安全调查国出于其他理由认为该国涉及到重要利益的。

《规则》自第五章起对海事事故的报告程序和报告内容做了规定,其具体内容如下:

第五章 通知

5.1 当海上事故发生于公海上或专属经济区内时,涉案船舶的船旗国须实际可行地尽快通知其他有重大利益的国家。

5.2 当海上事故发生于沿岸国的领土,包括其领水之内时,船旗国和该沿岸国须相互通知,并分别实际可行地尽快通知其他有重大利益的国家。

5.3 通知不得因信息不全而被延迟。

5.4 格式和内容。

通知应尽可能多地包括下列已有信息:

(1)船舶名称及其船旗国。

(2)国际海事组织船舶识别号码。

(3)海上事故的性质。

(4)海上事故的地点。

(5)海上事故的时间和日期。

(6)重伤或死亡人数。

(7)海上事故对人、财产和环境造成的后果。

(8)任何其他涉案船舶的确认。

第六章 非常严重海上事故调查要求

6.1 对每一非常严重海上事故均须进行海上安全调查。

6.2 在按照第七章所达成的任何协议之下,涉及非常严重海上事故船舶的船旗国负责确保按照本规则进行并完成海上安全调查。

第七章 船旗国与其他有重大利益的国家进行海上安全调查的协议

7.1 在不限制各国单独进行其自己的海上安全调查权利的条件下,当海上事故发生于某国领土,包括其领海、内水之中时,涉及海上事故的船旗国和该沿岸国须协商以就由哪个或几个国家按照本规则的要求或建议作为海上安全调查国进行调查而达成协议。

7.2 在不限制各国单独进行其自己的海上安全调查权利的条件下,当海上事故发生于公海上,或某国的专属经济区之中,并涉及一个以上船旗国时,则有关国家须协商就由哪个或几个国家按照本规则的要求或建议作为海上安全调查国进行调查而达成协议。

7.3 对于第7.1或7.2条所述海上事故,有关国家可与另一个有重大利益关系的国家达成协议,由该国或多国作为海上安全调查国。

7.4 在按照第7.1、7.2或7.3条达成协议之前,或未能达成协议,则根据本规则及根据其他国际法,各国进行海上安全调查的现有义务和权利仍由有关各方承担,以进行其各自的调查。

7.5 船旗国全面参加由另一个有重大利益的国家所进行的海上安全调查,须被认作履行其根据本《规则》、《国际海上人命安全公约》第Ⅰ/21条、《联合国海洋法公约》第九十四条第七节所规定的义务。

第八章 调查的权利

8.1 各国均须确保其国内法做出规定,使进行海上安全调查的调查员能够登船,询问船长、船员及任何其他有关人员,以及为海上安全调查获取证据材料。

第九章 平行调查

9.1 当海上安全调查国按照本规则进行海上安全调查时,其他有重大利益的国家单独进行其自己的海上安全调查的权利不受妨碍。

9.2 在承认海上安全调查国须履行本规则规定的责任的同时,海上安全调查国和任何其他有重大利益的国家在进行海上安全调查时须设法协调其调查的时间,以尽可能避免在要求作证和获取证据时发生冲突。

第十章 合作

10.1 所有有重大利益的国家均须尽实际可能地与海上安全调查国合作。海上安全调查国须尽实际可能地为有重大利益的国家的参与做好安排。其中,"尽实际可能地"可被认为意指,例如,合作或参与受限,因为国家法律使全面合作或参与不可行。

第十一章 调查不受外部指示

11.1 海上安全调查国须确保进行海上安全调查的调查员是公正而客观的。海上安全调查须能够在不受可能受调查结果影响的任何人或组织的指示或干扰下报告海上安全调查的结果。

第十二章 从海员获取证据

12.1 如海上安全调查需要海员提供证据,须尽实际可能地尽早取证。海员须尽可能早的获准返回船舶或遣返。海员的人权须始终得到维护。

12.2 所有被要求提供证据的海员均须被告知海上安全调查的性质和根据。另外,被要求提供证据的海员须被告知并获准得到有关下列各项的法律建议:

.1 海上安全调查之后的任何诉讼中令自己负罪的任何潜在风险。

.2 任何不使自己负罪的权利或保持沉默的权利。

.3 如向海上安全调查提供证据,为避免该证据被用于对抗自身而向该海员提供的任何保护。

第十三章 海事安全调查报告草案

13.1 在遵守第13.2和13.3条的条件下,当被要求时,海上安全调查国须向有重大利益的国家送交报告草案供其对报告草案发表意见。

13.2 海上安全调查国仅向收取报告的有重大利益的国家保证,未经海上安全调查国明确许可或除非该报告或文件已由海上安全调查国公布,不散发,并不导致散发,公布或允许获得报告草案,或其任何部分时,才受约束遵守第13.1条。

13.3 海上安全调查国不受遵守第13.1条约束,如果:

1. 海上安全调查国要求收取报告的有重大利益的国家确认报告草案中所包含的证据将不被用于针对证据提供者的民事或刑事诉讼。

2. 该有重大利益的国家拒绝给与确认。

13.4 海上安全调查国须邀请有重大利益的国家在30天内或其他双方同意的时间内对报告草案提出意见。海上安全调查国须在准备最终报告之前,审议所提意见及在接受或否决该意见将对意见提交国的利益有直接影响时,海上安全调查国须通知该有重大利益的国家其意见得到处理的方式。如果海上安全调查国30天后或双方同意的时间到期后未收到意见,则可开始完成该报告。

13.5 海上安全调查国须以最实际可行的手段寻求全面核实报告草案的准确性和完整性。

第十四章 海上安全调查报告

14.1 海上安全调查国须向本组织提交对每一非常严重海上事故所进行的海上安全调查的海上安全调查报告的最终文本。

14.2 当对不非常严重的海上事故或海上事件进行了海上安全调查,并做出了海上安全调查报告,且其中含有的信息可防止将来的海上事故或海上事件或减少其严重性时,其最终文本须提交给本组织。

14.3 第14.1及14.2条所指海上安全调查报告须利用海上安全调查中获取的全部信息,考虑到其范围,并要求确保包括并了解了所有与安全有关的问题,以便在必要时采取安全措施。

14.4 海上安全调查报告的最后文本须由海上安全调查国向公众及航运界提供,如由其他国家或本组织公布,则海上安全调查国须协助公众及航运界获取调查报告的细节。

《海上事故或海上事件安全调查国际标准和建议做法规则(事故调查规则)》实施后我国海事调查可能产生的问题如下:

《规则》就海事安全调查、船旗国与其他实质利益国协商实施海事调查、海事调查权力、对待船员以及事故调查报告等诸多方面做出了规定,鉴于第Ⅲ部分属于推荐性做法,我国海事调查方面在符合其规定上存有一定的时间和余地,本文仅重点对《规则》生效后第Ⅰ和第Ⅱ部分作为强制性实施部分对我国海事调查产生的影响进行研究。

海事调查范围发生变化。《中华人民共和国海上交通事故调查处理条例》规定了中华人民共和国海事调查部门是实施中国沿海水域内海上交通事故调查的主管机关;同时也明确海上交通事故是指船舶、设施发生的下列事故:碰撞、触碰或浪损;触礁或搁浅;火灾或爆炸;沉没;在航行中发生影响适航性能的机件或重要属具的损坏或灭失;其他引起财产损失和人身伤亡的海上交通事故。《船舶污染事故调查处理管理规定》规定了中国海事部门是中国管辖水域内发生船舶污染事故的调查处理机构,并明确了船舶污染事故是指由船舶直接或者间接地把物质或者能量引入水域环境,产生损害生物资源、危害人体健康、妨害渔业和水上其他合法活动、损害水资源使用要素和减损环境质量等有害影响的事故。除上述情况外,其他与船舶营运直接有关的情况,包括船员工伤、水上安全生产事故等,并不在海事部门的调查范围之内。而《规则》规定的海事调查范围几乎涵盖了与船舶直接营运有关的一切情况,已经超出了现有海事部门海事调查的范围。

海事调查性质发生变化。《中华人民共和国海上交通安全法》规定船舶、设施发生的交通事故,由主管机关查明原因、判明责任。《中华人民共和国海上交通事故调查处理条例》规定港务监督应当根据对海上交通事故的调查,做出"海上交通事故调查报告书",查明事故发生的原因,判明当事人的责任;构成重大事故的通报当地检察机关。从多年的海事调查实际来看,我国现行的海事调查既是安全调查,同时又是行政调查,海事部门出具的事故调查报告通常作为司法裁定的主要证据。而《规则》中海事安全调查旨在为查明事故发生原因和事实,提高海上及人命安全,避免事故的再次发生。《规则》还明确了海事安全调查应分离并独立于其他类型的调查。虽然《规则》也规定不排除任何其他形式的调查,但判明或区分责任并不是《规则》强调的海事调查目的。

《规则》给出"海事安全调查国"概念与海事安全调查的国际合作。发生海事后,船籍国与实质利益国家均可参与调查,并通过协商决定哪个国家为主要负责调查国家。《规则》还规定船旗国有责任保证重大海上事故按本规则规定进行调查并得以完成;有关国家应将事故信息及时通知有关海事实质利益国家;海事调查国在依据本规则进行海事调查时,应不妨害其他实质利益国进行其独立海事调查的权力等。然而,我国国内尚未立法对作为船籍国参加在中国籍船舶于我国沿海水域外发生事故的调查行为以及我国作为海事实质利益国与船籍国或其他海事实质利益国之间的海事安全调查国际合作做出规定。近年来,我国已经陆续与日本、韩国等国家签订了海事调查国际合作协议,也尝试与其他一些亚洲国家签订合作协议,并实际与一些国家开展了海事调查国际合作,但缺少了国内立法和配套的海事调查国际合作制度的支持,《规则》实施的一段时期内,我国海事调查在国际合作方面一些应有的权利很可能得不到保障,《规则》规定的我国参与海事调查国际合作的义务也可能履行不到位。

船员享有不自证其罪和保持沉默的权利。《规则》在"海员取证"一章中对海员不自证其罪和保持沉默的权利做出了规定。根据国际自由工会联合会的替代案文,该权利应理解为:海事安全调查向海员取证时,必须向海员说明该事故调查的性质和基础,并说明所取得的证据是否会在将来用于追究责任,是否存在自证其罪的风险以及为海员提供何种保护。如果存在海员自证其罪的风险,调查机关必须告知海员享有保持沉默、不自证其罪的权利。

然而,我国法律法规无论是《中华人民共和国行政处罚法》或是《中华人民共和国海上交通事故调查处理条例》均没有明确沉默权、不自证其罪的法律原则,但明确要求当事人应当如实回答询问或如实陈述。可以说,《规则》对于海员沉默权、不自证其罪权利的规定,将对我国现行的法律原则形成一次冲击,为适应《规则》做出的调整势在必行。

鉴于上述分析,适应《规则》的对策和建议如下:

通过立法或修改现行法律法规将《规则》国内法化。《规则》主要由英国、美国、澳大利亚等国家负责起草,这些国家都有一整套完备的海事调查法规,如英国已经颁布了《商船航运法》,澳大利亚于2003年通过了《运输安全调查法案》,德国早就实施了《联邦水路法》、《联邦海上运输法》和《联邦事故调查法》,美国立法有《1974年独立调查团法案》。为保证我国海事安全调查工作全面符合《规则》要求,特别是《规则》明确规定的与我国现行法律法规存在冲突的部分,理想的做法首先是及时出台与《规则》一致的法律法规,并配套出台保证其有效实施的一整套制度程序;其次是对现行法律法规做出适当修改,将《规则》的相应条款要求采纳其中,但这种做法涉及面广,修改难度大,同时对今后的海事安全调查工作顺利开展也将造成不便。为有效履行《规则》,规范海上事故或事件安全调查工作,交通运输部海事局已于《规则》生效前后出台了若干规范性文件,包括明确《规则》规定的海事安全调查与国内法律法规规定的水上交通事故调查之间的平行关系等。然而,根据《中华人民共和国立法法》,我国法的渊源包括宪法、法律、法规、规章等,并不包括规范性文件。编者认为,以国家行政机关颁布的规范性文件将国际公约的条款纳入国内法律体系的做法是值得商榷的。

调整海事安全调查模式使之接轨《规则》。作为国际条约的主导国家,英、美等国家的做法在一定程度上影响着海事安全调查模式的发展,值得我国借鉴。在美国,运输业发生的重大事故是由美国国家运输安全委员会负责,其职能是根据法律授权,对美国所有航空事故和其他运输业的重大事故进行独立调查,主要任务是确定事故的可能原因,并据此向政府运输部门和有关方面提出安全建议,以预防未来可能发生的事故。英国的海事调查职责则是由英国运输部下属的海事调查委员会承担,同时英国《1999年商船运输法》也明确规定:"海事调查的目的是查明事故发生原因和事实,提高海上人命安全,避免事故的再次发生。分清事故赔偿责任或追究当事人的责任不是海事调查的目的。"并且,上述两个机构的调查工作均属独立于行政调查而开展的安全调查。因此,在《规则》规定的范围内,我国有必要对现有的安全、行政调查相结合的海事安全调查模式进行调整,可以在交通运输部下或在交通运输部海事局内部新设独立的海事安全调查部门,将安全调查与行政调查分离,使《规则》条款得以有效落实。在《规则》规定的范围之外,可以保留现有的海事调查模式。通过两者结合的方式,最小程度减少对现有机构和职能设置的冲击。

加强海事安全调查国际合作。除了独立的安全调查外,加强海事安全调查的国际合作也是《规则》规定的重点之一。《规则》之外,国际海事组织制定了《关于帮助船旗国和实质利益国建立并维护有效的海事调查合作与咨询机制的暂行指南》,旨在帮助成员国建立并维持良好的海事调查国际咨询及合作机制。因此,为确保《规则》在海事安全调查合作上给予船籍国以及实际利益国的权利和义务,在我国海事调查工作上得到充分的保障,我国应尽快按照《规则》规定,参照《关于帮助船旗国和实质利益国建立并维护有效的海事调查合作与咨询机制的暂行指南》,首先与主要的方便旗国家和航运国家之间达成关于海事安全调查的国际合作协议。协议的内容应至少包括海事安全调查国的确认、交流记录、信息交换以及海员保护等。同时,我国也应该利用《规则》这一契机,加强与相关国家在海事调查方面的交流,学习先进国家成熟的调查模式,促成中国的海事安全调查官在国际海事安全调查上发挥更大的作用,以此提升中国在国际海事事务上的话语分量。

第四章　海事调查及法规公约

　　海上运输是当今世界贸易的重要组成部分,伴随着航运业的飞速发展,也增添了更多的交通安全隐患。海上交通事故发生后,我们关心的不仅仅是生命、财产的损失,周边环境的污染,对政治、经济社会的影响,更重要的是认真总结经验教训,采取有效措施,尽量避免此类事故的再次发生。为此,开展海事调查,分析事故原因,完善法规制度,是保障船舶和人命财产安全、保护海洋环境的前提。

第一节　海事调查概述

一、海事调查的含义及其在我国的发展沿革

1. 海事调查的含义

　　海事调查是指为查明海上交通事故的原因、经过和造成的损失,确定事故的性质与判明事故当事人的责任,而依法进行的一系列调查活动。它通过调查取证、制作询问笔录和现场勘验报告、完成事故调查报告等程序,为海事处理提供依据。

　　关于海事调查的解释各个国家或组织表述各异。《中华人民共和国海上交通安全法》第九章(交通事故的调查处理)第十三条规定,海事调查就是"查明原因,判明责任"。加拿大运输部海事调查局编制的《海事调查工作手册》中,海事调查是指对一起海难事故的原因或船舶驾驶人员的行为所进行的彻底的、广泛的和耐心的调查,并系统地注意、详细地评价包括人的因素在内的所有因素。这是一种有计划的证据寻找工作,一方面是通过访问证人,而另一方面是通过查取证物。这项工作是从一个事故链的第一个必不可少的环节开始,到最后一个环节即事故的直接原因结束。国际海事组织 A.849(20)决议——海事调查规则中规定,海事调查是指为防止事故而进行的公开或不公开的一个程序,包括收集分析资料、定出结论、核实事故的情况、查明事故的原因和促成因素,如可行,提出安全建议。国际海事组织《海事安全调查国际标准和推荐做法规则》中,将海事安全调查定义为:(通常指一国)针对海上事故或海上事件而开展的旨在预防事故再次发生的调查或询问。此种调查包括证据搜集分析、原因因素界定以及在必要时提出安全管理建议。

　　在我国,海事安全调查、行政处罚调查和海事行政处理工作是联系在一起并由负责海上安全的部门(海事局)进行的,因此我国的有关海事法规都采用"海事调查和处理"这一术语。而在有些国家,海事的安全调查与行政处罚调查是分开的,安全调查成立专门的调查机

构,如英国等。就我国的海事调查法规和调查实践看,绝大多数的事故都由海事局的海事调查处理人员按海事调查处理规则调查处理,而造成人命或财产巨大损失的极少数恶性海损事故则由国务院或交通运输部专门任命组成的事故调查委员会进行调查处理。

海事调查向人们揭示了海上交通事故发生的原因,其总结出来的经验教训,促使了一系列公约的诞生、修订和完善,使人们对航海安全从单纯船舶技术上的努力转移到船舶的安全管理和船员的素质提高上来。海事调查对于防止海上类似事故的重复发生,保障海上船舶设施和人命财产安全、保护海洋环境一直发挥着重要作用。

2. 海事调查在我国的发展沿革

海事调查在我国产生已久。建国前,各地的海事调查处理工作一般由海关兼办。据记载,1927年9月17日,日本籍轮船"现德丸"由红石崖载客400多人(海关限其载客150人)出海,沉没于小港外10余里处,旅客全部落海。青岛市水上警厅闻讯赶去,救出121人,捞尸245具,失踪100多人。青岛市政当局要求赔偿及追究该轮船长刑事责任。此时日本占领青岛,胶海关处于日本人的控制之下,1928年1月,日本驻青领事馆对"现德丸"轮船长等"判决无罪"。

建国后,海事调查处理工作越来越受到国家的重视。我国初期实行的是将海事调查、海事纠纷裁决统一归属于港务监督的工作范围内,以行政管理方式实施监管,海事调查处理工作逐步规范。1952年,经政务院核准,交通部公布《海事处理委员会暂行章程》,规定由各大、小港口相关部门进行海事的调查、研究、核议、调解、审定责任、赔偿、抚恤等事项的管理工作。

1952年5月,政务院公布试行《海事处理暂行办法》,规定海事内容为触礁或搁浅、沉没或失踪、碰撞、失火、触损或浪损、遭受风灾或漏水、机件或重要属具损失,有碍航行安全、发现航道变异、遇劫或遭袭、救护或发现遇难船舶或人命、船员旅客死伤或其他事故及其他有关海事事件(包括共同海损的判定、海事签证等),同时规定海事处理程序、赔偿责任等。依法登记和注册的船舶,发生海事案件时或船舶发生碰撞、触损、浪损等海事事件而发生纠纷或发现航道变异时,在到达第一港口48小时内,船方应向港务监督递交海事报告书。港务监督根据规定办理收取海事报告、进行海事调查、调解、海事签证等日常事务工作和一般性海事处理,对较重大和有争议的海事提交海事处理委员会,由委员会进行分析研究,做出结论以进行海事仲裁等。

1955年,外交部、劳动部、交通部、中国海员工会全国委员会联合发布《关于外籍船舶在中国港口发生船员病、死、伤、残和涉及我方员工伤亡事故处理原则的联合指示》,规定外籍船舶在中国港口发生船员病、死、伤、残和涉及中方员工伤亡事故,如需处理者,一律由当地港务监督处理。

1959年9月,交通部制定并颁布《海损事故调查处理规则》,根据该规则,各地港务监督所调查处理的海损事故一般包括:有责任纠纷的;港务监督认为有必要由其调查处理或者经上级指定由港务监督调查处理的;经船舶所有人或船长要求港务监督调查的。除上述以外的海损事故,由船舶所有人自行处理,处理结果要抄报港务监督。各港务监督根据交通部颁布的管理规定,依据造成海事的性质、类别,分别采取调解、签证、做出结论。对有纠纷的海事,港务监督通过调查分析,尽量促成双方当事人和有关部门合理地达成和解协议,吸取教训,一般不采用仲裁形式。对于不属于海事和一般海损事故,在处理中不做结论,说明事实发生原因,进行海事签证。对较重大的海事和当事人之间的经济纠纷经多次调解无效的海事案件,调查分析确认技术过失和自然影响,做出海事结论。

1964年5月17日,瑞典籍"凯门"船靠泊青岛港装货,瑞典籍船员诺马克无故持刀刺伤港口装卸工人王忠山等2人。青岛港务监督通过外轮代理公司向船方提出抗议。19日,提请司法机关依法拘留了凶犯诺马克,在船长写出表示歉意的报告后恢复装货作业。7月25日,青岛市中级人民法院开庭审判,诺马克对所犯罪行供认不讳,并书面保证今后决不再犯,后释放。中方索赔工资、医疗费等共计20002.56元。

"文化大革命"期间,海事调查处理工作仍在有效开展。据资料记载,1966年,"和平5"船在35°12′N,122°40′E处碰沉"青渔63"渔船,8名渔民死亡。经调查,"和平5"船承担80%的责任,"和平5"三副郑护生被上海市中级人民法院判处有期徒刑3年、缓刑3年。

1972年1月1日,交通部颁布的《海损事故调查和处理规则》开始施行,适用中外船舶。船舶发生触礁、触岸或搁浅、碰撞或浪损、失火或爆炸、影响适航性的机件或重要属具的损失和灭失、遭遇自然灾害、造成水上或水下建筑物或设备的损害、沉没或失踪等事故,造成财产和营业损失或人身伤亡的均为海损事故,应迅速向最近的港务管理机关提交扼要报告(电报),并在进入第一港口48小时内向港务管理机关递交报告书(一式二份)。港务管理机关发现或接到海损事故报告书后,要及时进行调查和处理。

1978年,交通部颁布《船舶海损事故统计、报告规定》,于1979年1月开始施行。该规定将海损事故按其性质、损失和政治影响分为重大、大、一般和小事故四个等级,要求船舶在发生事故后迅速逐级上报至交通部。

1984年1月1日,《中华人民共和国海上交通安全法》生效实施,海事调查工作发生重大变革。该法明确规定,港务监督是海事调查处理的主管部门,对受理的海事界定为海上交通事故。在海事调查处理中的职责为查明原因,判明责任,以不断改进航政管理。此后,广州、上海、天津、青岛等各海事法院相继成立,海上交通事故引发的民事纠纷解决途径趋于多样化。该法还规定,因海上交通事故引起的民事纠纷可以由主管机关调解处理,不愿调解处理或调解不成的,当事人可以向海事法院起诉;涉外案件的当事人,还可以根据书面协议提交仲裁机构仲裁。

1985年10月5日,交通部修订1978年《海损事故统计报告规定》,下达新的《船舶海损事故统计、报告规定》,并于1986年1月1日起执行。规定小事故可不必上报;重大、大事故应附文字说明,简要叙述事故发生的时间、地点、经过及主要原因、损失情况和处理结果。

1989年3月29日,国务院发布实施《特别重大事故调查程序暂行规定》,规定特别重大事故发生后海事调查工作的组织与开展。

1990年3月3日,我国开始实施经国务院批准、交通部颁布的《中华人民共和国海上交通事故处理条例》和《中华人民共和国海上交通监督管理处罚规定(试行)》。同年6月16日,交通部发布《船舶交通事故统计规则》。

1995年,各港务监督内的海务处取消,海事调查处理改由新设立的通航监督处负责。

1998年,交通部发布《中华人民共和国水上安全监督行政处罚规定》,进一步明确海事调查处罚的程序。自此,海事调查处罚程序更加规范有序,处罚数额也相应提高。

2002年,交通部发布《水上交通事故统计办法》。该办法对水上交通事故的范畴进行界定,并将水上交通事故按照人员伤亡和直接经济损失情况,分为小事故、一般事故、大事故、重大事故、特大事故五个等级。

2005年,实施中华人民共和国海事局颁布的《海事调查官管理规定(试行)》,将海事调查官分为助理、中级和高级海事调查官三级,同时,依据该规定,对辖区的海事调查队伍进行培训,进一步规范海事调查人员的组成,提高海事调查处理的质量,海事调查处理工作有序开展。

二、海事调查的种类

1. 按目的和性质分类

海事调查可以分为刑事调查、民事调查和行政调查三大类。

(1)刑事调查,是指若海上交通事故涉及刑事责任,由公检法等部门进行的调查。

(2)民事调查,是指如果涉及民事赔偿责任,由海事法院、仲裁员、调解人员或各方的律师等进行的调查。

(3)行政调查,是指海事行政机关针对船舶、设施发生的交通事故,为查明原因、判明责任而进行的调查。

本书所讲的海事调查,是指我国海事局依据《中华人民共和国海上交通安全法》等有关法规对海上交通事故所进行的行政调查。

2. 按形式和程序分类

海事调查可分为如下几种:

(1)初步调查

初步调查一般在海事行政机关接到海事报告后立即进行,调查人员需具有搜集证据的法定权力,调查工作结束后要撰写并提交海事调查报告书,说明事故经过、事故原因、应吸取的教训以及预防类似事故的措施和建议等。这类调查不是公开进行的,海事调查报告书也不公布。如果初步调查结果表明事故重大或有重要教训值得吸取,就要提请进行正式调查,否则事故的调查工作就以初步调查完毕而结束。

(2)正式调查

正式调查一般是针对重大海事进行的,可以在初步调查之后进行,亦可不进行初步调查而直接进行正式调查。正式调查一般是由专门的海事调查机关所组成的事故调查委员会按照专门的海事正式调查法规进行的。这类调查在形式上与法院的调查类似,公开进行庭审调查,调查结果即海事调查报告书要正式公开出版。

(3) 特别重大事故调查

特别重大事故是指造成特别重大人身伤亡或者巨大经济损失以及性质特别严重、产生重大影响的事故。特别重大事故发生后,按照事故发生单位的隶属关系,由省、自治区、直辖市人民政府或者国务院归口管理部门组成特大事故调查组,负责事故的调查工作。国务院认为应当由国务院调查的特大事故,由国务院或者国务院授权的部门组织成立特大事故调查组。

(4) 安全调查

海事安全调查是以防止类似事故再次发生为目的而进行的调查,并不旨在判明和追究责任。根据《海事安全调查规则》的规定,海事安全调查应分离并独立于其他类型的调查。国际上主要航运国家通常采用独立或相对独立的海事安全调查,如美国的国家运输安全委员会、英国的海上事故调查委员会和日本的海事审查厅。

(5) 行政处罚调查

行政处罚调查是指海事管理机关发现海上交通事故中有应当给予行政处罚行为时,依法定职权和程序,全面、客观、公正地对违反行政法规尚未构成犯罪的对象进行调查、收集证据的过程。

在某些国家,在初步调查和正式调查之外还有所谓非正式的调查。这类调查一般针对小事故并且是事实和原因都比较简单清楚的事故。调查人员无须专门的任命而是作为日常工作去调查。调查后将事故记录在案即可。这类调查在数目和比例上比初步调查和正式调查大得多。

三、海事调查的目的

海上事故发生后,要对其进行的调查有很多,如负责海上安全的行政部门的调查、船公司的调查;如涉及民事赔偿责任,海事法院、仲裁员、调解人员或各方的律师的调查;如船舶已保险,保险公司的调查;如涉及刑事责任,公检法等部门的调查。各种调查都有其明确目的。那么,我国海事局进行海事调查的目的是什么呢?现主要从以下三个方面加以说明。

1. 国际海事组织的要求

国际海事组织是联合国主管海事安全和防止海洋环境污染的专门机构,在其组织制定的1974年《国际海上人命安全公约》、1966年《国际载重线公约》和1973年《国际防止船舶造成污染公约》等有关国际公约中,对海事调查的目的做了明确的规定:各国政府主管机关进行海事调查的目的就是增进海上人命、财产和环境的安全。

2. 世界主要海运国家对海事调查目的的认识

加拿大运输部海事调查局在其编写的《海事调查手册》中指出:海事调查的基本目的是增加海上人命和船舶的安全。美国海岸警卫队规则4(海事调查)中特别指出:"海事调查结果在于采取适当措施以增进海上人命和财产的安全,而不是企图确定民事或刑事责任。"德国联邦海事调查上诉委员会主席 Lamp 博士来我国讲学时指出,海事调查的目的,是查明事故的原因,从而有助于避免它们将来再发生。

3. 我国有关海事调查法规的规定

我国 1983 年颁布的《中华人民共和国海上交通安全法》规定,主管机关负责对海事进行调查处理,即"查明原因,判明责任"。该法第一条规定:"为了加强海上交通管理,保障船舶、设施和人命财产的安全,维护国家权益,特制定本法。"根据这一基本精神,我国海事调查处理的主要目的应该是并且只能是保障海上安全。因此,根据《中华人民共和国海上交通安全法》,1990 年 3 月 3 日发布的《海上交通事故调查处理条例》第一条就规定了该条例的目的是为了加强海上交通安全管理,及时调查处理海上交通事故。

四、海事调查的程序

1. 明确调查任务,做好准备

接到海事报告后,应根据事故发生水域、事故类型、事故性质迅速做好调查准备。明确调查的目的和要求,拟定尽可能周密的调查计划,包括事故调查的步骤和方法、应收集的证据、应携带的工具等。

2. 现场调查

应调查从船舶开航到事故发生的全过程。例如碰撞事故,须详细调查从发现物标、避让、临近碰撞和施救措施的全过程。从船员、船舶和货物、环境、船舶管理和公司管理四个方面进行系统的调查。尽可能查明事故的真实经过,获得确凿的物证、书证和人证,确定事故原因。

第二节 海事调查国内法规制度

我国涉及海事调查的基本法律是《中华人民共和国海上交通安全法》,而实施海事调查的具体法规是《海上交通事故调查处理条例》和《生产安全事故报告和调查处理条例》。其主要内容如下:

一、中华人民共和国海上交通安全法

《中华人民共和国海上交通安全法》是为加强海上交通管理,保障船舶、设施和人命财产的安全,维护国家权益而制定的。它在 1983 年 9 月 2 日第六届全国人民代表大会常务委员会第二次会议上通过,自 1984 年 1 月 1 日起施行。

该法是我国海上交通安全管理的基本法,其第九章交通事故的调查处理就海事调查处理的总原则做了规定。

第四十二条 船舶、设施发生交通事故,应当向主管部机关递交事故报告和有关资料,

并接受调查处理。事故的当事人和有关人员,在接受主管机关调查时,必须如实提供现场情况和与事故有关的情节。

第四十三条 船舶、设施发生的交通事故,由主管机关查明原因,判明责任。

二、海上交通事故调查处理条例

《海上交通事故调查处理条例》是为了加强海上交通安全管理,及时调查处理海上交通事故,根据《中华人民共和国海上交通安全法》的有关规定制定的条例。它于1990年1月11日经国务院批准,1990年3月3日交通部令第14号发布。

该条例第三章专门对海上交通事故的调查事宜做出了五条规定,即第十条至第十四条。

第十条 在港区水域内发生的海上交通事故,由港区地的海事局进行调查。

在港区水域外发生的海上交通事故,由就近港口的海事局或船舶到达中国的第一个港口的海事局进行调查。必要时由我国海事局指定的地方海事局进行调查。

如认为必要,海事局可以通知有关机关和社会组织参加事故调查。

第十一条 海事局在接到事故报告后应及时进行调查,调查应客观、全面,不受事故当事人提供材料的限制。根据调查工作的需要,海事局有权:

(一)询问有关人员。

(二)要求被调查人员提供书面材料和证明。

(三)要求有关当事人提供航海日志、轮机日志、车钟记录簿、报务日志、航向记录簿、海图、船舶资料、航行设备仪器的性能,以及其他必要的原始文书资料。

(四)检查船舶、设施及有关设备的证书、人员证书和核实事故发生前船舶的适航状态、设施的技术状态。

(五)检查船舶、设施及其货物的损害情况和人员伤亡情况。

(六)勘验事故现场,搜集有关物证。海事局在调查中可以使用录音、照相、录像等设备,并可采取法律允许的其他调查手段。

第十二条 被调查人员必须接受调查,如实陈述事故的有关情节并提供真实的文书资料;海事局的调查人员在执行调查任务时,应向被调查人员出示证件。

第十三条 海事局因调查海上交通事故的需要,可以令当事船舶驶抵指定地点接受检查。当事船舶在不危及自身安全的情况下,未经海事局同意,不得离开指定地点。

第十四条 海事局的海上交通事故调查材料,公安机关、国家安全机关、监察机关、检察机关、审判机关和海事仲裁委员会及法律规定的其他机关和人员因办案需要可以查阅、摘录或复制,审判机关确因开庭需要可以借用。

按照该条例第一章(总则)第三条规定:该条例适用于船舶、设施在中国沿海水域内发生的海上交通事故;但是,以渔业为主的渔港水域内发生的海上交通事故和沿海水域内渔业船舶之间、军用船舶之间发生的海上交通事故的调查处理,国家法律、行政法规另有专门规定的,从其规定。同时,该条例第七章(特别规定)第三十三条规定:对中国籍船舶在中国沿海水域以外发生的海上交通事故,以及派往外国籍船舶任职的持有中国船员职务证书的中国籍船员对事故发生负有责任的海上交通事故,海事局有权按条例有关规定进行调查处理。此外,该条例第八章(附则)第三十四条规定:对违反海上交通安全管理法规进行违章操作,虽未造成直接的交通事故,但构成重大潜在事故隐患的,海事局可以依据本条例进行调查和处罚。

三、生产安全事故报告和调查处理条例

《生产安全事故报告和调查处理条例》是为了规范生产安全事故报告和调查处理,落实生产安全事故责任追究制度,防止和减少生产安全事故而制定的,于2007年3月28日经国务院第172次常务会议通过,自2007年6月1日起实施。

该条例要求事故调查处理应当坚持实事求是、尊重科学的原则,及时、准确地查清事故经过、事故原因和事故损失,查明事故性质,认定事故责任,总结事故教训,提出整改措施,并对事故责任者依法追究责任。该条例第三章事故调查,对生产事故的调查事宜做出了具体的规定。

第十九条 特别重大事故由国务院或者国务院授权有关部门组织事故调查组进行调查。重大事故、较大事故、一般事故分别由事故发生地省级人民政府、设区的市级人民政府、县级人民政府负责调查。

省级人民政府、设区的市级人民政府、县级人民政府可以直接组织事故调查组进行调查,也可以授权或者委托有关部门组织事故调查组进行调查。

未造成人员伤亡的一般事故,县级人民政府也可以委托事故发生单位组织事故调查组进行调查。

第二十二条 事故调查组的组成应当遵循精简、效能的原则。

根据事故的具体情况,事故调查组由有关人民政府、安全生产监督管理部门、负有安全生产监督管理职责的有关部门、监察机关、公安机关以及工会派人组成,并应当邀请人民检察院派人参加。事故调查组可以聘请有关专家参与调查。

第二十三条 事故调查组成员应当具有事故调查所需要的知识和专长,并与所调查的事故没有直接利害关系。

第二十四条 事故调查组组长由负责事故调查的人民政府指定。事故调查组组长主持事故调查组的工作。

第二十五条 事故调查组履行下列职责:

(一)查明事故发生的经过、原因、人员伤亡情况及直接经济损失。

(二)认定事故的性质和事故责任。

(三)提出对事故责任者的处理建议。

(四)总结事故教训,提出防范和整改措施。

(五)提交事故调查报告。

第二十六条 事故调查组有权向有关单位和个人了解与事故有关的情况,并要求其提供相关文件、资料,有关单位和个人不得拒绝。

事故发生单位的负责人和有关人员在事故调查期间不得擅离职守,并应当随时接受事故调查组的询问,如实提供有关情况。

事故调查中发现涉及犯罪的,事故调查组应当及时将有关材料或者其复印件移交司法机关处理。

第二十七条 事故调查中需要进行技术鉴定的,事故调查组应当委托具有国家规定资质的单位进行技术鉴定。必要时,事故调查组可以直接组织专家进行技术鉴定。技术鉴定所需时间不计入事故调查期限。

第二十八条 事故调查组成员在事故调查工作中应当诚信公正、恪尽职守,遵守事故调查组的纪律,保守事故调查的秘密。未经事故调查组组长允许,事故调查组成员不得擅自发布有关事故的信息。

第二十九条 事故调查组应当自事故发生之日起60日内提交事故调查报告;特殊情况下,经负责事故调查的人民政府批准,提交事故调查报告的期限可以适当延长,但延长的最长期限不超过60日。

第三节 海事调查国际公约

为增进海上人命和财产安全、保护海洋环境,世界各国在国际海事组织的敦促下签订了一系列国际公约。这些公约和决议也涉及海事调查,主要摘录如下:

一、联合国海洋法公约

该公约于1982年12月10日在牙买加蒙特哥湾召开的第三次联合国海洋法会议最后会议上通过,共分十七个部分,连同九个附件共有四百四十六条。其中,第Ⅶ部分(公海)第九十四条(船旗国的义务)第七款规定:每一国家对于涉及悬挂该国旗帜的船舶在公海上因海难或航行事故使另一国国民造成死亡或对于造成的严重伤害,或对另一国的船舶、设施或海洋环境造成严重损害的每一事件,都应由适当的合格人士一人或数人或在有这种人士在场的情况下进行调查。对于该另一国就任何这种海难或航行事故进行的任何调查,船旗国应与另一国合作。

二、国际海上人命安全公约

该公约附则第一章(总则)第三节第二十一条(事故)规定:各主管机关对其所属的受本公约规定约束的任何船舶所发生的任何事故,当其认为调查该项事故有助于确定本规则可能需要的何种修改时,即应承担义务进行调查;各缔约国政府有义务将有关此项调查所获得的适当资料提供给海协组织。该组织根据此项资料所做的报告或建议,一律不得泄露有关船舶的辨认特征或国籍,或以任何方式确定或暗示任何船舶或个人承担的责任。

1966年《国际载重线公约》和1977年《雷莫利诺斯国际渔船安全公约》也都有与1974年《国际海上人命安全公约》相同的规定。

三、海员培训、发证和值班标准国际公约

1978年《海员培训、发证和值班标准国际公约》是为统一各国的海员培训、发证和值班标准,以确保海运船舶的航行安全而制定的国际公约。该公约在附则第一章(总则)规则Ⅰ/4(监督程序)第一条第二款中规定,正式授权的监督官员可根据该公约的规定在发生下列情况时检查船员维持值班标准的能力:

(1)船舶发生碰撞、搁浅或触礁。

(2)船舶在航行、锚泊或靠泊时从船上排放国际公约规定的非法物质。

(3)船舶操作不稳定或不安全或未按航行标志或分道通航制航行。

四、经1978年议定书修订的1973年《国际防止船舶造成污染公约》

为防止并消除船舶排放油类和其他有毒物质造成对海洋的污染,以及最大限度地减少船舶海损事故造成污染,1973年10月8日至11月2日,国际海事组织在伦敦召开国际防止船舶造成污染会议,在1954年《国际海上油污公约》及其各项修正案的基础上制定了1973年《国际防止船舶造成污染公约》。公约包括二十条法律条款和五个技术性附件。该公约第十二条(船舶海事)第一款规定,每一主管机关负责对其适用于规则的任何船舶所发生的任何事故进行调查,如果这种事故对海上环境造成了重大的有害影响;每一缔约国应向海协组织提供关于这种调查结果的资料,如其认为这种资料可能有助于确定本公约须做任何修改的话。

五、国际海事组织A.442(Ⅸ)号决议(1979年11月15日):政府机关对海事和违反公约事件进行调查的人力和物力需要

该决议认为,每一政府机关有充足的人力和物力以全面进行海事或违反公约事件的调查,是保证各国际公约有效实施的重要因素,故要求各国政府采取一切必要的步骤以保证政府机关有充足的手段和适当资格的人员以及物力,使其能在发生海事或违反海上安全和保护海洋环境的公约时充分实施国际规定。

六、国际海事组织A.322(Ⅸ)号决议(1975年11月12日):海事调查的行为

该决议提请各缔约国政府注意《国际海上人命安全公约》和《国际载重线公约》中关于进行海事调查的义务,敦促各缔约国政府向国际海事组织提交有关海事调查的结论和所吸取教训的资料。该决议要求海上安全委员会定期检查各国提交的事故调查报告并推荐必要的行动,还要求海上安全委员会与秘书处商讨是否列出重大事故的清单并要求有关政府机

关提交有关海事调查的资料。

七、国际海事组织 A.849(20)号决议(1997 年 11 月 27 日):海事调查规则

《海事调查规则》是国际海事组织第一个系统的规定有关海事调查事宜的规则。第五条海事调查的实施,规定了在进行海事调查时,应全面公正地查明事故情况和原因,为迅速进行调查各国政府应赋予海事调查员相应的权力,同时也应邀请有相关利益的国家共同参加调查。第6条海事调查的责任规定船旗国应对所有涉及本国船舶的事故和发生在本国领海内的事故进行调查。规则还规定了进行海事调查的主导国在调查结束后,写出调查报告,提出安全建议,将调查报告公开发表,并呈报国际海事组织。

八、海上事故或海上事件安全调查国际标准和建议做法规则

国际海事组织海上安全委员会第84届会议于2008年5月16日经MSC.255(84)号决议通过了《海上事故或海上事件安全调查国际标准和建议做法规则》(《事故调查规则》),第Ⅰ和第Ⅱ部分作为强制性规定于2010年1月1日生效。该规则就海事安全调查等事宜做了比较详细的规定。规则要求各缔约国政府按公约和规则的要求进行海事安全调查,查明事故发生的原因,提出防止类似事故再次发生的建议,从而保障海上安全。

第五章 人为失误

随着科技的进步,海运业也呈现出越来越趋向于技术先进、可靠性高的特点,但不可否认,海上事故率仍居高不下,尤其随着船舶向大型化发展,一旦发生事故,其造成的环境损失、货物损失、船舶损失及人命伤害都将是巨大的。随着科学技术的发展,属于船舶结构和系统方面的原因造成的事故将越来越少,而人为失误在海上事故中占据越来越高的比重。统计数据显示,绝大多数的海上事故涉及人为失误。加拿大运输安全委员会、英国保赔协会等各种机构研究表明,各类海事涉及人为失误的百分比如下:

(1)油船事故为84%~88%。
(2)拖带船舶搁浅事故为79%。
(3)碰撞事故为89%~96%。
(4)船与另一静止物接触的碰撞为75%。
(5)火灾和爆炸事故为75%。

显然,要大幅度降低海上事故,减少人为失误是主要途径。因此,我们需要了解人为失误的类型,掌握人为失误发生、发展的规律,寻找减少和控制人为失误的方法。在海事调查与分析中,我们可以通过查找控制人为失误的方法,并采取措施减少人为失误发生的概率,从而降低海上事故率,达到航运更安全的目标。

第一节 人为失误的类型

按照系统安全的观点,人也是构成系统的一种元素,人在发挥功能时,也会产生失误。人们对于人为失误做了种种定义,对其含义也进行了解释,其中比较公认的论述有:

(1)皮特定义的人为失误:人的行为明显偏离预定的、要求的或希望的标准,它导致不希望的时间拖延、困难、问题、麻烦、误动作、意外事件或事故。

(2)里格比定义的人为失误:人为失误是指人的行为的结果超出了某种可以接受的界限。也就是说,人为失误是指人在生产操作过程中,实际实现的功能与被要求的功能的偏差,其结果可能以某种形式给系统带来不良的影响。

综上所述,人为失误是指人的行为结果偏离了规定的目标,或超出了可接受的界限,并产生了不良后果。

关于人为失误,以下几个观点是许多专家认同的:

(1)人为失误是生产中不可避免的产物。

(2) 工作条件可以诱发人为失误,通过改善工作条件来防止人为失误比对人员进行说服教育、训练等手段更有效。

(3) 关于人为失误的定义也是有争议的。

(4) 某一级别人员的失误,反映较高级别人员的职责方面的缺陷。

(5) 人们的行为反映其上级的态度,如果凭直觉来解决安全管理问题,或靠侥幸来维持无事故的记录,则不会取得长期的成功。

(6) 习惯的操作程序的方法有可能促使失误发生。

在安全工程研究中,为了查找人为失误的原因,以便采取适当措施防止人为失误发生,或减少人为失误的发生概率,有必要对人为失误进行分类。按照不同的分类方法,可以对人为失误进行如下分类:

一、按照人为失误的原因分类

里格比按照人为失误的原因把人为失误分为随机失误、系统失误和偶发失误三类。

1. 随机失误

随机失误是指由于人的行为、动作的随机性质引起的失误,它往往是不可预测的,在同等条件下具有不可重复性。比如,操作时人手的力度大小或一时的遗忘等。随着科技的发展,更多人的随机失误被精密的计算机操作来弥补。

2. 系统失误

系统失误是指由于系统设计方面的问题或人的不正常状态引起的失误。系统失误主要与工作条件有关,在类似的条件下失误可能发生或重复发生。通过改善工作条件及职业训练能有效地克服此类失误。它又包括:①工作任务的要求超出了人的能力范围。②在正常作用条件下形成的下意识习惯使人们不能适应偶然出现的异常情况。

3. 偶发失误

偶发失误是指一些偶然过失行为,它往往是设计者、管理者事先难以预料的意外行为。许多违反安全操作规程、违反劳动纪律的行为都属于偶发失误。

需要注意的是,同样的人为失误行为在不同情境中可能属于不同的类别。例如,负责值守的驾驶员因为到两翼甲板瞭望时漏掉了重要的 VTS 通话,属于偶发失误。但是,如果是因为没有考虑 VTS 水域内值守的特殊要求,并且没有必要的呼请其他人员协助驾驶的制度约束,则该驾驶员的失误属于系统失误。

二、按照人为失误的表现形式分类

按人为失误的表现形式,把人为失误分为三类:

(1) 遗漏或遗忘。

(2) 做错,其中又可以分为理解错误、调整失误、颠倒、没按照要求操作、没按照规定时间操作、无意识的动作和不能操作。

（3）从事规定动作以外的操作。

三、按照人为失误发生在生产过程的阶段分类

按照人为失误发生在生产过程的阶段，把人为失误分为六类：

1. 设计失误

在工程或产品设计过程中发生的人为失误，如设计计算错误、方案错误等。

2. 操作失误

操作者在操作过程中发生的失误，是人为失误的基本种类。

3. 制造失误

制造过程中技术参数不符、用料错误、不符合图纸要求等。

4. 维修失误

错误地拆卸、安装机器和设备等维修保养失误。

5. 检查失误

检查过程中的失误。

6. 储存、运输失误

没有按照要求进行储存、运输。

第二节　人为失误的原因

人为失误与人接受并处理信息的能力和过程、工程操作时的心理紧张程度、作业时人的生物节律、人的心理特征及其他外界因素有着密切的关系。

一、人的信息处理过程导致的人为失误

人，本身是一个随时随地都在变化着的巨大系统。在生产过程中，每个作业者作为一个处在复杂社会关系中的人，都会受到来自外界环境及个人生理、心理特点中异常因素的影响，使人的生理、心理状态发生不利于生产的变化。这些来自作业者外部和内部的干扰因素，都将导致作业可靠性降低，以致出现人为失误，从而导致生产效率降低和事故的发生。

德国心理学家莱文把人的行为定义为人的因素与环境因素相互作用的结果。人的因素是人的行为的内因，人的行为取决于个体对外界刺激的处理。人对外界刺激的处理称为人的信息处理，人的信息处理过程特征是人的因素的重要方面。个人经验、技能、素质、性格等形成的特性，以及事故发生时相对短的时间内人的状态，如疲劳和兴奋等影响人的信息处理过程。

人的信息处理过程可以简单地表示为输入—处理—输出。在人的信息处理过程中，信息的选择、记忆和决策十分重要。

1. 选择

人的眼、耳、鼻、舌、触觉器官等同时从外界接受大量的信息,在大脑中枢进行处理之前要对感官接受的信息进行预处理,即对接受的信息进行选择。在信息处理的过程中,人通过注意来选择输入信息,在心理学中,注意是人的心理活动对一定对象的指向和集中。指向是指信息处理的选择性,人在某时间段只处理某些信息;集中指专心处理某些信息而撇开其他信息。

从信息处理的角度分析,注意包括六种功能:

(1) 选择性,在众多的信息中选择一部分信息,一般地选择来自一种感官的信息。

(2) 集中性,局限于特定的感觉,跟踪某种特定的对象而排除无关信息。

(3) 搜寻,从一些信息中搜寻出一部分信息。

(4) 激活,应付一切可能出现的刺激。

(5) 定势,接受特定的刺激并做出反应。

(6) 警觉,对当前没被选择的、强大的刺激或信息仍保持警觉。

在上述注意的各种功能中,最重要的是选择性。人一次只能注意一件事情。把注意与有限的短期记忆能力、决策能力结合起来,选择在每一瞬间应处理哪种输入的信息,通过选择舍弃一部分信息,有利于重要信息的有效处理。

注意在预防人为失误、预防事故中具有重要意义。安全教育的一个重要内容就在于使操作者掌握在操作过程中什么时候应注意什么。警告就是一种唤起人员注意的技术措施,它让人员把注意力集中于可能会被漏掉的信息。

2. 记忆

经过预处理后的输入信息被储存于记忆中,积累知识和经验供以后运用。记忆是对过去经验的保留和恢复过程。从信息处理的角度,记忆是人脑对输入的信息进行输入、编码、储存和提取的过程。

记忆包括长期记忆和短期记忆两种,它们彼此独立又互相联系,形成一个统一的记忆系统。短期记忆是信息进入长期记忆前的一个容量有限的缓冲器和加工厂。当干扰信息进入短期记忆中时,短期记忆里原有的信息被排挤掉,发生遗忘现象。由于短期记忆的脆弱性,在工作突然中断的情况下,可能导致事故。经过多次反复记忆,短期记忆中的东西就进入长期记忆。长期记忆可以使信息长久地、甚至终生地保存在大脑中。人的知识、经验都被保存在长期记忆中。从长期记忆中提取信息有再认和回忆两种形式。

在信息处理过程中,为了识别输入的信息、做出决策及监督复杂的输入,需要从长期记忆中召回以前存入的信息。召回的信息被放在短期记忆中以供使用。一个人可能已经记住了操作规程,但在实际工作时却可能没有执行它,其中一个重要原因是,当前的工作任务没有提示或要求他把学过的东西从长期记忆中召回,在这种情况下,应提示操作者把事先学过的规程召回。

针对输入的信息,长期记忆中的信息(知识、经验)被调出并储存在短期记忆中,与进入短期记忆中的输入信息比较,进行识别、判断,然后做出决策,选择恰当的行为。

3. 决策

正确的决策是实行正确行为的前提,为了做出正确的决策,人们必须收集有关的信息,消除工作任务方面不明确的东西,弄清进行该项工作的必要条件,以及所蕴含的危险。当信息充分、正确时,依据这些信息才能做出正确的决策,可以安全地完成工作任务。

一般来讲,做出决策需要时间。大脑的决策机构一次只能做一项决策,在一项决策完成前,它会一直阻碍后面决策的进行。在工作任务紧迫的情况下,往往由于没有充裕的决策时间而发生失误。多数情况下,失误发生的可能性与决策时间成反比。做出一项简单的决策,仅仅需要不到一秒的时间,且从一项决策转向另一项决策是一种无意识的行为,所以,有时人们可以同时做几件事。

除了获得充足的外界信息、具有丰富的知识和经验以及充裕的时间外,个人态度、个人决策能力及执行决策的能力等因素,对决策过程也有重要影响。

为了正确地实行决策所确定的行为,机械设备、用具及工作环境符合人机学要求是非常重要的。

人的行为失误其实质是人的信息处理的失误,即对外界刺激的反应失误。人的感觉器官接受的信息量大,而大脑处理信息的能力低,在信息处理过程中容易出现"瓶颈"现象。为了解决这一现象,在信息预处理阶段接收的信息应进行取舍、压缩及变形等处理。这就决定了人在信息处理过程中具有发生失误的倾向。

信息处理过程中的一些倾向有:

(1)简单化。人具有图省力、把事物简单化的倾向。如在工作中把自认为与当前操作无关的步骤舍弃,或不佩戴安全防护器具,或拆掉安全防护装置等。

(2)依赖性。人具有依赖性,喜欢依赖他人、上下级、同事等,或依赖规程、说明书及自动装置。

(3)选择性。对输入的信息进行迅速的扫描并选择,按自我意识判断信息的轻重缓急,排队处理和记忆。这使得人们的注意力过分地集中于某些自认为重要的东西而忽视其他。

(4)经验和熟练。人对于某项操作达到熟练后,可以不经过思考而下意识地直接行动。这一方面有利于工作,而另一方面,如紧急情况,是有害的。

(5)简单推理。当眼前的事物与经验相符合时,就会不加考虑地认为事物将按过去的经验那样发展下去。

(6)粗枝大叶、走马观花。随着对输入信息的扫描范围和速度的增加,忽略细节,舍弃定量而收集一些定性的信息。

这些不利的倾向是造成人为失误的原因。为了克服它们,在操作、设备设计中要采取恰当的技术措施。针对应急情况应进行训练、演习。

二、心里紧张与人为失误

1. 信息处理能力与心理紧张

心理紧张是个体的主观体验,是在人和客观环境的相互作用下产生的一种复杂的心理现象。心理学把客观环境中某些被人感知为可能产生令人不快的事情的情境称作"充满紧张的情境",人在知觉、评价这些情境的过程中主观地体验到紧张。被人知觉的情境的要求越高,人的心理紧张程度越高。

在生产操作过程中,影响人员心理紧张的情境因素主要有:

①任务要求,如持续主动的要求、信息处理的要求等。

②环境条件,如温度、照明、振动、噪声、船舶的横摇等物理环境。

③公司组织状况,如组织类型、风气、人际关系等。

④社会因素,社会的要求、文化水准、经济形势等。

在相同的环境下,人员的心理紧张程度与个体的特征有关,如动机、态度、知识、经验、年龄、健康状况等一般状况,以及饮酒、疲劳等生理因素和不安、焦虑等心理因素。

心理学中把引起人员心理紧张的各种因素称作紧张源。心理紧张程度主要取决于工作任务对人的信息处理要求情况,工作任务是引起操作过程中人员心理紧张的主要紧张源。它主要有四个方面:任务困难程度、作业的不明确性、工作负荷和工作的危险性。

人的信息处理能力与大脑的意识水平有关。日本的桥本教授根据人的脑电波的变化情况,把大脑的意识水平划分为以下五个等级:

(1)无意识。在这种情况下,大脑完全停止工作,不进行任何信息处理,如熟睡。

(2)迟钝。过度疲劳或者从事单调的作业、困倦或醉酒时,大脑的信息处理能力极低。

(3)被动。从事熟悉、重复性的工作时,大脑被动地活动。

(4)能动。从事复杂的、不太熟悉的工作时,大脑清晰而高效地工作,主动地进行信息处理。这种状态仅能维持较短的时间,然后进入被动状态。

(5)恐慌。工作任务过重、精神过度紧张或恐惧时,由于缺乏冷静而不能认真思考问题,信息处理能力降低。在极端恐慌时,会出现大脑"空白"现象,信息处理过程中断。

人的大脑意识水平与心理紧张有着密切的关系,相应地,人的信息处理能力与心理紧张也有密切关系。适度的紧张令人在从事较复杂、需要思考的作业时,大脑能动地工作,信息处理能力高,失误减少。但过度的紧张或较低的紧张,会令人处于极端恐慌或缺少刺激状态,也不利于失误的减少。

合理安排工作任务,消除各种增加心理紧张的因素,以及经常进行教育、训练,使工作人员保持最优心理紧张度,可以减少工作失误的发生。

2. 紧急情况下人的行为特征

紧急情况下,人的心理紧张度增加,信息处理能力降低,在信息处理方面和动作方面都有一些异常的表现。针对人的这些异常表现采取适当措施化险为夷,对预防事故发生或降低事故损失具有重要意义。

(1) 紧急情况下人的信息处理特征

紧急情况下人的信息处理往往出现如下的倾向：

①注意力过度集中于异常事物一点而忽略其他。

②产生错觉或幻觉，如弄错颜色、形状、尺寸、速度或状态。

③收集信息的精度降低，过分紧张而被动地旁观，不能主动收集信息。

④分不清轻重缓急，缺乏对信息的选择功能。

⑤一时想不起已经记住的事情，或回想一些无关的事情。

⑥只能根据当前的一点信息做一些简单的决策，很难做出全面的判断。

⑦不能进行定量判断，并且对做出的判断不加验证。

⑧考虑一些与现实无关的问题。

⑨下意识地按习惯或经验行动。

⑩思考问题简单，对形势做悲观的估计，或者大脑空白，不能进行信息处理。

(2) 紧急情况下人的行为特征

人在紧急情况下运动器官的动作不灵活，表现为手脚不协调，弄错操作对象或操作方向。由于肌肉紧张和缺乏反馈，往往动作生硬、用力过猛。

在恐惧时往往会出现心律和血压的变化，呼吸加快并变得不规则，身体出汗、肌肉收缩。极度恐惧使人瘫痪，甚至被吓死。

三、生物节律与人为失误

人和许多生物一样，其生命活动呈现节奏性和周期性，这种生命活动的节奏性和周期性称作生物节律。人的各种生命活动都会受到生物节律的制约，生物节律是影响人的行为的因素之一。如果人的活动违背了生物节律的规律，其生理、心理机能就会失调，活动效率降低并容易发生失误。人的生物节律种类繁多，其中有些种类的生物节律与事故发生有密切关系。

1. 日节律与事故

近代研究发现，人体许多受大脑控制的功能变化规律与昼夜交替有关，表现出昼夜节律及日节律。这种昼夜节律主要取决于人体生物钟，人体生物钟的周期基本与昼夜节律一致。当人们的生产、生活安排不符合日节律时，正常的生理机能被扰乱，往往很容易出现疲劳现象，易产生失误而引发事故。

2. 生物三节律与事故

国外某心理学家研究发现，一个人自出生之日起直至生命终结，其体力、情绪和智力分别以23天、28天和33天为周期变化，每个周期中高潮期和低潮期各占一半，这个规律被称为三节律。根据这种学说，在生物节律的高潮期里人员体力充沛、情绪饱满、思维敏捷；在低潮期里人员疲乏烦躁、精神恍惚、反应迟钝；在两者过渡的临界期里，人体机能不稳定而容易发生失误。

四、人的心理特征与人的不安全行为

1. 个性心理特征与不安全行为

个性心理特征是个体稳定地、经常地表现出来的能力、性格、气质等心理特点的总和。不同的人，其个性心理特征是不相同的。它在先天素质的基础上，在一定的社会条件下，通过个体的具体社会实践活动，在教育和环境的影响下形成和发展。

能力直接影响活动效率，是使活动顺利完成的个性心理特征。能力主要表现为感觉能力、注意能力、记忆能力、思维能力和行动能力等信息处理能力。每个个体的能力是有差异的，即使同一个人，其能力也会因为自身或外界的影响而不同。

性格是人对事物的态度和行为方面的较稳定的心理特征，是个性心理的核心。知道了一个人的性格，就可以预测在某种情况下他将如何行动。鲁莽、草率、懒惰等不良性格往往是产生不安全行为的原因。但是，人的性格是可以改变的，安全教育的一项任务就是发展人员的认真负责、细心、勇敢等优良性格，克服那些对安全不利的性格。

气质主要表现人的心理活动的动力方面的特点。它包括心理过程的强度和稳定性、速度以及心理活动的指向性等。人的气质以活动的内容、目的或动机为转移。构成气质的主要特征有感受性、耐受性、反应灵敏性、可塑性、情绪兴奋性、外倾性和内倾性。这些特性的不同组合形成了不同的气质类型。气质类型无好坏之分，各种类型都具有积极的一面和消极的一面。从事故预防的角度，在人员分配工作时，要考虑人员的性格、气质。值得注意的是，在长期的工作实践中，人们会修正自己原来的气质来适应工作的要求。

2. 非理智行为

非理智行为是指那些"明知有危险却仍然去做"的行为。大多数违反操作规程的行为都属于非理智行为，它们在引起工业事故的不安全行为中占较大的比例。非理智行为产生的心理原因主要有以下几个方面：

（1）侥幸心理。伤害事故发生时小概率事件，一次或几次不安全行为不一定导致伤害。于是，导致一些人根据自己或他人采取不安全行为也没有受到伤害的经验，得出了"这种行为不会引起事故"的结论，或者认为自己运气好，不会出事故。

（2）省能心理。人总是希望以最小的能量消耗获得最大的工作效果，这是人类在长期生活中形成的一种心理习惯。其表现为嫌麻烦、怕费劲、图方便等懒惰心理。由于省能心理作祟，操作者可能会省略了必要的步骤或不使用必要的装置而引发事故。

（3）逆反心理。在一些情况下，个别人在好胜心、好奇心、求知欲、偏见或对抗情绪等心理状态下，产生与常态心理相对抗的心理状态，偏偏去做不该做的事情，产生不安全行为。

（4）凑兴心理。凑兴心理是人在社会群体中产生的一种人际关系的心理反应，多发生在精力旺盛、能量有剩余而又缺乏经验的年轻人身上。他们从凑兴中得到心理满足，或消耗剩余的精力。凑兴心理往往导致非理智行为。

导致不安全的心理因素还有很多,在安全工作中,要及时掌握人员的心理状态,通过教育、思想工作,提高人员的安全意识,自觉避免不安全行为。

五、影响人为失误的外界因素

在工业生产过程中,影响人为失误的外界因素包括生产作业的状况特征、工作指令、工作任务及人机匹配等方面的问题。这些因素又称为绩效形成因子。

1. 状况特性

(1) 建筑学特性。它是指空间的大小、距离、配置、物体的大小、数量等工作场所的几何特性。当许多仪表布置相互距离较远的场合,操作者有图省事倾向,就会从远处读取分散在不同地点的仪表读数而把数读错。

(2) 环境质量。温度、湿度、粉尘、噪声、震动、不卫生、热辐射、不规则的摇动等影响人的健康。恶劣环境也增加人的心理紧张度。在高温等环境下操作者急于尽快完成任务而容易失误。

(3) 工作与休息。科学合理地安排工作与休息时间,可以防止人员疲劳,减少工作的失误。

(4) 装置、工具、消耗品的质量及可使用性。工作需要适当的装置、工具及物品以提高工作效率,减少失误。

(5) 人员安排。人员安排不合适时增加人员的心理紧张度。

(6) 组织机构。职权范围、责任、思想工作等对人员心理产生影响。

(7) 人际关系。班组、同事等之间的关系及工作情况。

(8) 报酬、利益。

上述外部因素虽然客观存在,但很多时候取决于当时操作者看待这些外部因素的心态:同样的环境、空间、工作和休息安排、工具、组织机构、报酬、利益,有人很知足,而有人却心烦气躁,作为管理者,调整好员工心态是比改善外界因素更值得注意的。

2. 工作指令

工作指令包括书面规程、口头命令、互相理解、注意、警告等形式。正确的工作指令有利于解决大脑信息处理过程的"瓶颈"问题。

3. 工作任务

(1) 要求的知觉。通常视觉表达比听觉等其他种类的表达更常用,但受限于人的视力。工业管理领域中,在一定情况下某种表达装置比其余的更容易被感知。

(2) 要求的动作。人的手足动作的速度及力量是有局限的,要求的动作应该在人的能力范围内。

(3) 要求的记忆。短期记忆的可靠性不如长期记忆的可靠性高。

(4) 要求的计算。人进行计算的可靠性较低,复杂的计算很容易出错。

(5) 有无反馈。完成任务后的反馈可以调动人的主动性和积极性。

(6)连续性。所谓的连续性是指所处理的各参数的空间、时间关系。连续多参数问题较离散单变量问题难得多。

(7)班组结构。有时一人做某项工作由他人监督,人与人之间的良好协作关系是非常重要的。

4. 人机匹配

人机匹配直接影响到人在工作中是否容易失误。应该精心设计人机接口,设计人机接口时要考虑如下因素:

(1)显示器和操作器的设计要符合人的习惯和能力。

(2)标记要标准、一致和易于看见。

(3)装置、机器的状态表示要与实际一致。

(4)需要有超过数据量时必要的警报信号。

(5)需要有必要的安全保护装置。

第三节 人为失误的控制

人为失误的原因错综复杂,表现形式多种多样,要防止人为失误是一件非常困难的事情。按照事物发展的进程,可以从三个阶段采取措施防止、控制人为失误。

(1)控制、减少可能引发人为失误的各种原因,防止出现人为失误。

(2)一旦已经发生人为失误,使失误无害化,不至于引发事故。

(3)一旦引发事故,限制事故发展,减少损失。

可以采取技术措施和管理措施防止人为失误,在操作系统越来越巨型化、复杂化的工业生产中,技术措施通常比管理措施客观、有效。

一、防止人为失误的技术措施

1. 用机器人代替人

用机器人代替人已在现代检测、流水线生产方面取得了巨大成就。虽然与人相比,机器运转的可靠性高,但人具有机器无法比拟的智能思维和处理各种随机事件的灵活性优点,要充分发挥人与机器各自的优点,从而提高生产效率,避免人为失误。

2. 冗余系统

冗余系统其特征是一个或几个元素发生故障或失误,系统仍然能够正常工作,其主要采用并联方式工作,如两人操作、人机并行、设立审查环节等。

3. 耐失误设计

耐失误设计是指通过设计使得人员不能发生失误或发生失误也不会带来事故等严重后果的设计。如采用不同尺寸、形状安装,或采用连锁装置防止失误或使失误无害化等。

二、防止人为失误的管理措施

管理措施的改良方法多,概略有:

(1)根据工作任务选择合适的人员。

(2)通过教育、培训,采用标准化作业。

(3)合理分配工作和休息时间,防止疲劳和减轻心理紧张程度。

(4)树立良好的企业文化,建立和谐关系。

按照具体的工作场所和管理措施,防止人为失误可以从以下几个方面抓起:

1. 作业现场的具体管理措施

(1)人员持证。上岗前按照岗位要求经过培训并考核合格后方允许上岗。持证上岗可以防止由于无知、缺乏必要的知识、技能而发生的人为失误。

(2)作业审批。管理部门对重要的、危险性高的作业进行作业前审批,可以使操作者资格、能力等个人特征符合作业要求,达到准备充分,安全措施可靠。

(3)安全确认。操作前通过对作业对象、作业环境及将进行的操作行为进行确认,防止发生操作失误。

2. 警告

在生产过程中,人们需要经常注意到危险因素的存在,以及一些必须注意的问题。警告是提醒人们注意的主要方法,它让人们把注意力集中于可能会被漏掉的信息。

为了识别输入的信息并做出正确的决策,需要调用长期记忆中储存的知识和经验。然而,有时当前的工作任务没有提示或要求人员调用长期记忆中的知识和经验,导致操作失误。警告可以提示人员调用他的知识和经验。提醒人们注意的各种信息都是经过人的感官传达到大脑的。于是,警告可以通过感官来实现。现在生产实际中常用到的警告方式主要分为:视觉警告、听觉警告、气味警告及触觉警告。

3. 职业适合性

职业适合性是指人员从事某种职业或操作应该具备的基本条件,它着重于职业对人的能力要求。严格来讲,任何职业都存在着职业适合性,即对从事该种职业的人员有一定的要求。不同职业,其职业适合性不尽相同,需要不同能力的人员来从事。特种职业的职业适合性要求比较严格,要求特种作业人员较一般作业的人员有较高的素质。根据职业适合性选择、安排人员,使人员胜任所从事的工作,可以有效地防止人为失误和人的不安全行为。

职业适合性包括对人的生理、心理特征方面的要求,以及对指示、技能方面的要求。

尽管随着生产过程的机械化、自动化,生产操作的人—机—环境匹配的改善,防止人为失误技术的发展,可以有越来越多的人符合某种职业的要求。但是无论从工作效率的角度还是从事故预防的角度,根据职业适合性合理地选择、安排人员都是非常重要的。

4. 安全教育与技能培训

安全教育与技能培训是防止人员不安全行为,防止人为失误的重要途径。安全教育与技能培训,能够提高人员防止事故的责任感和自觉性,提高安全技术知识的普及和安全技能,搞好事故预防,保护自身和他人的安全。

(1) 人的行为层次及安全教育

拉氏姆逊把生产过程中人的行为划分为三个层次,即反射层次的行为、规则层次的行为和知识层次的行为。

反射层次的行为发生在外界刺激与以前的经验一致时,这里的信息处理特征是,知觉的外界信息不经过大脑处理而下意识的行为。熟练操作就属于反射层次的行为。反射层次的行为一方面可以节省时间,准确高效地工作,以及迅速地采取措施应付紧急情况;另一方面,操作者由于不注意而错误接受刺激而发生失误。

规则层次的行为发生在操作比较复杂时,操作者首先要判断应该按怎样的操作步骤操作,然后再按选定的步骤进行操作。进行规则层次的操作行为时,操作者可能由于错误的思路或按常规办事,或忘记操作程序、省略了操作某些程序而失误。

知识层次的行为是最高层次的行为。它发生在从事新工作、处理没有经历过的事或者处理新环境下的事时,人们要观察情况,判断事情发展情况,思考如何采取行动,经过深思熟虑后才行动。进行知识层次的行为时,操作者受已有知识、经验、概念所左右,可能做出错误的假设、推论而发生失误。

安全教育应根据操作特征对人的行为层次的要求,相应地进行三个层次的教育。反射层次的教育是通过反复进行操作训练;规则层次的教育是教育操作者按一定的操作规则、步骤进行复杂操作;知识层次的教育使操作者不只学会生产操作,而且要学习工作原理、操作依据以及相关的知识。生产自动化程度越高,知识层次的教育越显得重要。

(2) 安全教育阶段

安全教育可以划分为三个阶段,即安全知识教育、安全技能教育和安全态度教育。

第一阶段应该进行安全知识的教育,使操作人员掌握有关事故预防的基本知识。通过安全知识的教育,使操作者了解生产操作过程中潜在的危险因素及防范措施等。

第二阶段应该进行所谓"会"的安全技能教育。在安全知识的基础上,通过反复的练习掌握安全技能。安全技能是人为了安全地完成操作任务,经过训练而获得的完善化、自动化的行为方式。因为安全技能是经过训练获得的,所以通常把安全技能教育叫作安全技能训练。

第三阶段是安全态度的教育,是安全教育中最重要的阶段。安全态度教育的目的,就是使操作者能自觉遵守安全规定、使用安全技能、搞好安全生产。

安全教育的三个阶段是密不可分的,如果人员的安全技能和安全态度的教育不好,安全知识也会落空。成功的安全教育不仅使人员懂得安全知识,而且能正确地、认真地、自觉地进行安全行为。

第四节　海事中人为因素及其调查

国际航运界曾主要以技术的方法解决海上安全问题。随着科技的进步，船舶的技术状况有了很大的改进，自动化程度得到提高，但是，每年的海上事故率仍居高不下。通过对过去30多年海事研究表明：多数的海事涉及人为因素，随着船舶技术含量的增加，人为过失引发的海事比率也呈上升趋势。单纯采取引进新技术和先进设备等措施来预防和处理海事是不够的。只有解决好人的因素，才是增进海上安全的主要预防措施。

国际海事组织于1999年通过了A.884(21)号决议《海事中人为因素调查指南》，该决议补充和修改了A.849(20)决议《海事调查规则》。这两个决议中，国际海事组织强调了调查海事中人为因素的重要性，并对人为因素进行了分类，界定了每一种可能会导致人为失误的人为因素的意义范围。

国际海事组织人为因素模型与分类建立在Reason通用失误模型系统(GEMS)、Hawkins SHEL模型以及Reason的混合模型(Hybrid model)基础上，其中，人为失误激励采用Reason的混合模型。该理论认为，管理层的某些缺陷会影响到现场人员的行为，当条件成熟就会引起人的不安全行为，如果防护失效或不足就会造成事故。失误模式认为，由于人的不安全行为的类别不同，预防措施也是不同的，因此，人的不安全行为必须进行进一步的分类，人的不安全行为分为无意行为和有意行为。无意行为是非计划性的，这种失误出现在操作过程中，而有意行为是按照计划进行的，但属于不适当的行为，这些失误存在于计划过程中。

无意行为有两种表现形式，即"过失"和"遗漏"，两者都是一种无意识的行为；有意行为也有两种表现形式，即"错误"和"违反"，"错误"存在于计划过程中，滥用规则、程序或用了错误的规则、程序；"违反"是有意违反制定的规则、程序或计划。

按照SHEL模型，影响人为因素有四个方面，并且这四个方面相互作用：

(1) 软件是指系统的非形体部分，它包括组织政策、程序、手册、检查表的编排等。

(2) 硬件是指运输系统的设备部分，以及设备的设计。

(3) 环境是指系统内部的和外部的、物理的和社会的环境。

(4) 人分为两类：中心组成部分和外围组成部分。中心组成部分是系统中最重要、最灵活的组成部分，是系统核心的人的要素，基本上是系统中设计操作或支持操作的人；外围组成部分是指系统的其他人员及其人员间的相互作用，包括管理人员、监督人员、船员相互作用和交流。

A.884(21)号决议根据海上运输特点，将海事中影响人的因素分为以下六类：

(1) 个人因素：主要指个体的能力、技能、知识(培训与经验的结果)；个性(心理条件、情绪状态)；生理条件(酒精、药物、疲劳等)；事故前的活动；事故时的任务；事故时的实际表现；态度。

(2)船舶组织:包括任务与职责的分配;船员组成;配员水平;工作负荷;工作与休息时间;程序与航行命令;内部和外部交流;船上管理和监督;船上培训与训练组织;团队:包括资源管理、计划(航次、货物、维护)。

(3)工作与生活条件:主要指自动化程度;工作、居住、休闲区域以及设备的人机工程设计;居住条件的足够度;休闲的机会;食品足够度等。

(4)船舶因素:主要是船舶的设计;维护状态;设备(可靠性、可用性);货物特点(包括绑扎、装载、照料);证书等。

(5)岸上管理:招募政策;安全政策和理念(文化、态度、诚信);管理对安全的承诺;靠港计划;一般管理政策;港口计划;合同和/或行业安排和协议;职责分配;船—岸联系等。

(6)外部环境:天气与海况;港口与通航条件;交通密度;海面冰况;代表船东和海员的组织;规章制度;船舶检查与检验(国际、国内、港口、船级社);社会环境等。

国际海事组织推荐的人的因素的模型及分类,主要是为了方便调查人员调查人的因素而设计的,具有循序渐进的特点。模型不但给出了人为失误机理,还给出了进行人的因素收集和整理的途径,对采取安全对策也有帮助,属于改进型的人为因素模型。

一、海事中人为因素的调查程序

系统海事调查中的人为因素是为了提出减少和控制人为失误的建议和预防措施,最终预防再次发生类似事故,增进海上安全。国际海事组织 A.884(21)号决议,为调查海事中的人为因素推荐了如下的调查程序:

1. 收集事故资料

调查程序第一步是收集涉及事故中的人员、任务、设备和环境条件等与工作有关的资料。该步骤对于系统调查海事中的人为因素至关重要,它能保证进行全面分析,同时也是满足收集、组织和保持有关事故数据库逻辑关系的需要。

复杂的系统,诸多因素之间存在着各式各样的互相影响,在调查中经常会出现关键信息被忽略或遗漏。因此,调查人员应该应用 SHELL 模型作为现场调查的一种组织工具,以便全面调查事故信息。

SHELL 模型协助调查人员有如下优点:

(1)它考虑了所有系统中的工作要素。

(2)它能够促使调查人员考虑系统中各要素之间的相互关系。

(3)它将重点放在所有与人的因素有关的外围要素对人的行为的影响上。

这一阶段,起初旨在回答"什么、什么人和什么时候"之类的较为简单的问题,随后转到"怎么样和为什么"之类的较为复杂的问题。收集到的资料多数成为行动和条件构成的时间和环境的汇总,其中部分将被界定为不安全行为和不安全条件。

2. 确定事件顺序

随着调查人员转向"怎么样和为什么"之类较复杂的问题,就需要把第一步收集的资料联系起来进行排序。调查人员可以运用 Reason 模型整理收集到的资料,找出时间发生的次序。事件发生的条件和情况都与 Reason 模型中五个要素之一有关——决策人、管理层、生产条件、生产活动和防护措施。通过对事件发生的条件和情况等信息进行排列,可以确定时间发生的顺序。

在实际应用中,步骤一和步骤二可能不是互相独立的。在收集资料的开始阶段,尽管得到的信息比较零碎,但调查人员一般试图将捕获的信息放在事件发生的次序中的合适位置。因此,实际中可将 SHELL 模型和 Reason 模型结合起来使用。

3. 识别不安全行为、决策或不安全条件

步骤三至步骤五是基于 GEMS 结构模型进行的。该模型提供了识别不安全行为、决定或不安全条件,识别不安全行为和决定的失误类型,以及识别潜在因素的一种途径。

就是在收集的资料中,识别事故致因因素,包括不安全行为、决策及条件等。不安全行为是指在危险或潜在不安全条件出现时所犯的过失或违反。尽管不安全决策不能直接导致事故,但对安全有不利的影响,因此也归入不安全行为。不安全条件是指能导致事故的潜在事件或环境。一次事故中可能存在几个不安全行为、决策或条件。

在识别出某种不安全行为、决策或条件后,研究的重点应转向确定那些特定行为或条件的起因上。随着调查的深入,在已识别出的致因因素中,可能还会发现其他的不安全行为、决策或条件。

4. 识别不安全行为和决策的失误类型或违反

识别不安全行为和决策的失误类型或违反,首先对每一不安全行为、决策提出"究竟行为和决策出现了哪些不正确或错误,而造成了不安全"。然后,对每一不安全行为、决策识别是有意行为还是无意行为,再进一步区分其为过失、遗漏、错误或违反。

5. 识别潜在因素

识别潜在因素就是揭示个人或集体不安全行为、决策背后的因素,就是发现工作系统中,那些使人们易于出现失误的因素。

6. 识别潜在的安全问题,并提出安全建议

潜在的安全问题的识别主要基于那些被识别的潜在因素。通过进一步分析这些潜在安全问题,提出安全建议。

二、人为因素调查参考资料

1. 船上因素

(1) 安全政策

①船公司是否有书面的安全政策?

②公司内有无负责船上安全事宜的指定人员?

③公司代表最后一次到船是什么时间?船舶最后一次与公司联系是什么时间?

④最后一次安全培训是什么时候?培训了什么?有哪些收获?

⑤最后一次应急演习是什么时间进行的？演习内容是什么？
⑥是否有合适的个人保护设备？你使用过吗？
⑦事故前船上是否发生过工伤事故？

(2) 事故前的行动

①(事故在离岗过程中发生)通常在港期间你怎样利用空闲时间？
②(事故在海上或到港期间发生)离开最后一个港口，船舶在海上航行了多长时间？
③将要接班前你正在做什么？
④事故前 4 小时、1 小时、30 分钟你在做什么？
⑤事故发生时船舶面临着什么情况？你的角色是什么？
⑥事故即将发生时你在想什么？
⑦事故发生前的任何时候你是否有疲劳或不能履行职责的迹象？

(3) 事故发生时的职责

①事故发生时你在船上何处？
②事故发生时你正被指派从事什么工作？谁指派的？你是否明了你的工作？是否收到相矛盾的命令？
③在过去你是否经常从事这项工作？

(4) 事故发生时的实际行为

①事故发生时你的确切位置在哪里？
②事故发生时你正进行哪些操作？
③有时你接班后是否发现自己无法集中精力从事你的工作？

(5) 证书、资历

①你在本船已任职多长时间？你是否要求过缩短或延长你的任期？
②你在现在职位上有多长资历？在本船还从事过别的职位吗？
③你获得现在的任职证书多长时间了？
④在本船工作前是否在别的船上任过职？是什么职位？
⑤你在海上最长的单个航程有多久？本航次在海上有多长时间？你经历的最长单个航次是多长时间？

(6) 身体状况

①事故前 24 小时你是否感觉身体不适？有什么症状(发烧、呕吐、眩晕等)？是否告诉过别人？你认为是什么原因引起的？
②事故前最后一次进餐时吃的是什么？是否足够？
③在船期间你是否坚持有规律的锻炼？事故前最后一次锻炼是什么时间？持续锻炼多长时间？

(7) 心理、情感、精神状况和聘用情况

①在船上最近一次,什么时候、什么情景使你感到高兴或欢欣鼓舞？

②最近一次,什么时候使你感到悲伤、压抑或灰心?为什么?你是否跟其他人谈过这种情形?

③最近你是否正在做出比较困难的个人决定?最近你是否有经济的或家庭的担忧?

④最近你的工作是否受到批评?批评者是谁?批评是否公平?

⑤事故发生前的航次中,处理什么是最让你感到有压力的?这种情形什么时候发生的?它是怎样解决的?

⑥船员的合同内容是什么?

⑦最近一年里你是否有任何合同方面的投诉或罢工行动?

(8)工作负荷、工作的复杂性

①船上组织是什么样的?

②船上组织是否有效?

③你在船上组织中的地位是什么(如,为谁工作,向谁报告或谁负责分配你的工作)?

④你的工作性质是什么?固定的吗?是不是体力工作?

⑤有人在事故中受到伤害是否是由于过重的工作负荷?

(9)工作、休息时间和娱乐习惯

①通常你的工作安排是什么?

②你是白班人员还是值班人员?

③事故发生前一周和当天你的工作安排是什么?

④事故发生时你是否正在加班?

⑤事故发生时已经值班多长时间或做其他工作已多长时间?

⑥事故发生前,你最后一次睡觉时间一共有多长时间?这期间醒过几次?醒后是否感觉精力充沛?如果不是,什么能使你在睡觉期间得到更好的休息?

⑦在船期间,你如何安排你的休息时间?有什么消遣方式?

⑧事故发生前你最后一次可以连续休息的时间是什么时候?

(10)人际关系

①船员中谁是你的朋友?

②你是否发现与某个船员相处不大愉快?

③你与其他船员交流是否有语言障碍?

④最近是否有新船员上船,你是否有机会与他们熟悉?

⑤最近你是否与某个船员有争吵?

⑥应急时你是否信任协助你的船员?

⑦是否曾经有人为了让你有更多的休息时间而替你值班?

⑧(事故发生时的值班人员)值班前你最后与其他船员的谈话内容是什么?

⑨事故发生后你是否与其他船员交谈过?谈了什么?被询问前是否与某人交谈过?

(11)生活条件和船上环境

①你认为你船上的个人空间是否舒适？如不舒适，应该如何改进？
②事故发生前，是否由于恶劣天气、噪声、冷热或船舶航行等使你休息困难？

(12) 配员水平
你认为船上的配员能否满足船舶营运需要？

(13) 船长常规命令
①是否有船长的书面常规命令要全体船员遵守？
②大副或轮机长是否给值班人员书面的或口头的常规命令？
③常规命令是否与公司的安全政策相矛盾？

(14) 自动化程度、设备的可靠性
①你认为系统的可靠性如何？
②早期系统是否有故障？
③故障的排除是由船员还是岸上人员排除的？

(15) 异常情况
本航次你是否发现任何有关船舶设计、运行或货物特性方面的异常？

2. 岸上管理因素

(1) 工作休息规定
公司的工作规定和休假制度是怎样的？

(2) 配员水平
怎样决定船队的配员水平？

(3) 值班实践
①是否要求船长坚持值班？
②是否由船长自行决定值班安排？

(4) 职责分配
职责分配是否由船长决定？

(5) 岸船支持和交流
公司怎样支持船长？

(6) 管理政策
公司是否有书面安全政策？

(7) 航行计划和挂靠港口安排
船长怎样制订航行计划？

(8) 娱乐设施
船上是否有福利、娱乐服务和相关设施？

(9) 雇佣条件
①所有船员的合同包括哪些内容？
②最近一年里是否有任何合同方面的投诉或罢工行动？

(10)国内、国际的要求

公司管理和船长是否遵守国际和船旗国现行的规定和建议?

第六章　海事证据调查

海事调查的首要目的是要查明事故的真实情况,因此,海事调查工作就可归结为搜集各种与事故有关的证据和审查判断这些证据的过程。但是在我国,因为对海事局在海事调查中搜集到的证据(《海事调查条例》中称为调查材料)的法律效力未做规定,所以海事调查材料与民事和刑事诉讼中所讲的证据在性质上是不相同的。在实际工作中,海事调查时搜集到的证据和法院审理该海事引起的民事或刑事案件时搜集的证据是同一事物,如船舶的航海日志、船舶损害部位的照片、船长写的事故报告等,故在证明该事故真实情况的作用上是毫无区别的。因此,在海事调查中完全可以借鉴较为系统完善的证据理论,结合海事调查的特点进行海事调查中的证据搜集、审查和判断。

一、证据的概念

海事调查中的证据一般称事故的调查材料,是证明事故事实或其他与事故不同的事实存在与否的根据。它具有以下属性:

1. 客观性

证据的客观性是指证据事实是独立于调查人员、当事人和其他证明主体主观认识的客观真实。各种海事总是在一定的时间、空间和条件下发生的必然作用于客观世界并引起外界的一定变化。例如,当某船或某人的活动作用于他人感官的时候就会被他人感知;当作用于周围的环境物品的时候就会引起物件的变化或留下某些痕迹物品等。事故事实为某些人所感知或在事故现场留下这样或那样的痕迹和物品,就是存在于外界的并能据以查明事故真实情况的证据。作为证据的事实是不依赖于海事调查人员的主观意志而客观存在的,调查人员是否发现或搜集与否,它们都客观地存在着。进行海事调查的首要目的就是为了发现和搜集这些客观事实并据以查明事故真相。凡是主观臆想、猜测等一切不是客观存在的事实,一概不能作为证据。

2. 相关性

证据的相关性是指证据必须与所要证明的事实存在一定的联系并对事实具有证明作用。客观存在的事实是多种多样的,并非所有的客观事实都能作为证据。只有那些与事故事实存在着联系的事实才能作为证据。证据与要证事实的关系是多种多样的,可以是直接联系也可以是间接联系,可以是因果联系也可以是非因果联系,可以是肯定联系也可以是否定联系。证据所以能起证明事故真实情况的作用,正是因为它与事故事实存在着联系。例如并非船首的任何触碰痕迹都是某一种船舶碰撞的证据,因为船舶在多次的靠离码头过程中留下了许多触碰的痕迹。只有证明该船船首触碰痕迹是由该事故的另一当事船碰撞造成的,才能作为证据。证据与事故事实之间的联系,一般都是在事故发生过程中形成的,它同样是不以人们的意志为转移的。调查人员在调查取证过程中,只能如实地认识它,决不能按照自己的主观想象随意加以肯定或否定。任何主观臆断、牵强附会地加以联系必然导致错误。

3. 合法性

证据的合法性是指证据形式、来源、收集程序必须合法。证据的合法性是保证司法、执法活动中采用的证据真实、可靠的重要保障。证据的形式合法要求证据形式上符合有关法律规定。如当事人的陈述必须以笔录的形式固定,并有陈述的签名;询问笔录必须有询问人和被询问人的签名。证据的来源合法要求证据的出处必须符合法律规定。如证人必须是能辨别是非并能正确表达的人,鉴定人必须具有鉴定资格。证据的搜集程序合法是指证据搜集必须运用合法的手段。

二、证据的意义

运用证据查明事故的真实情况,这是海事调查的中心问题,海事调查活动基本上是围绕着证据进行的。证据对于海事调查机关正确地完成调查任务有着极其重要的意义。

1. 证据是正确认定事故事实的根据

海事调查机关进行调查活动,必须以事实为根据,以法律为准绳。因此,调查人员首先必须查明事故的真实情况,而后才能确定事故原因,判明当事人的责任,吸取事故教训,提出事故预防措施,所以查清事故情况是正确处理事故的前提。调查人员进行海事调查,要经历一个由不知到知的认识过程。这一过程不是从主观想象出发,凭猜想、推测所能完成的,而是要通过一系列调查取证的实践活动才能实现。因此说,证据是调查人员正确认定事故事实的根据。离开证据,要想查明事故真实情况是根本不可能的。

2. 依据是揭露当事人捏造事实、颠倒是非的有力手段

大多数海事都是由于人的过失引起的,故通常称为责任事故。事故当事人往往因此而可能受到行政处罚,事故很可能引起损害赔偿的民事纠纷。若造成重大人命与财产损失,还可能要追究交通肇事者的刑事责任。因此,在海事调查活动中,可能会有某些当事人为逃避个人的责任,或同情有责任的他人,或考虑本单位的利益而不提供事故重要情况或编造假情况以掩盖事实真相。在这种情况下,调查人员正确运用证据,可以有力地揭穿谎言和假象,促使这类当事人如实交代情况,有助于迅速查清全部事故情况。

3. 证据是进行海事预防教育的工具

事实是最能教育人的,也是最有说服力的。海事调查机关在事故调查中做到事实清楚、证据确凿,可以使人们看到事故对人命、财产和环境造成危害,从中吸取教训,增强安全意识,提高海事预防的自觉性和主动性。

三、证明

证据是证明的根据,而证明就是证实和查明。一般意义的证明是用一个已知的事实,去

证实和查明另一个未知事实的活动过程。在海事调查中,证明是调查机关运用证据阐明或确定事故事实的活动。证明要遵循"以事实为根据,以法律为准绳"的原则。

1. 证明的任务

证明的任务是确定事故的客观真实。确定事故的客观真实是完全可能的。马克思主义认识论认为,人类有认识世界的能力,通过调查研究,客观事物的真相是完全可以认识的。事故事实是客观存在的,它必然在客观外界留下这样或那样的物品、痕迹,或者被当事人和有关人员直接感受,这就为查明事故的真实情况提供了客观根据。然而,确定事故的客观真实又是有条件的。在海事调查中,如果不具备应有的条件或违背这些条件,事故的客观真实就不能查明。从前者出发,应该有查明事故客观真实的信心与决心;从后者出发,必须迅速、认真、全面细致地做好海事调查的各项具体工作。一般来说,海事调查中的证明过程为:搜集证据、审查证据、进一步搜集能证实或推翻原有证据的新证据、对全部证据进行综合分析、做出判断,从而查明事故的客观事实。

2. 证明的对象

证明的对象是指在海事调查中必须由海事调查机关运用证据予以证明的事故事实。明确证明对象极为重要,这可以使调查人员在调查工作中始终目标明确,既不疏漏必须查明的事实,也不被与事故无关或枝节的事实所纠缠,集中注意力,准确、及时地查明事故事实情况。船舶发生的海事各种各样,各自具有其特点,显然船舶碰撞事故调查中的证明对象和船舶火灾事故调查中的证明对象是很不一样的。在碰撞事故中,要证明船舶从会遇直至碰撞过程中船员操纵船舶和船舶运动的客观真实;而在火灾事故调查中,要证明船舶失火部位和燃烧物、燃烧条件和燃烧过程的客观真实。证明对象的确定也就有助于搜集证据范围的确定。

第一节 证据种类与证据调查

证据的概念和属性是有关证据共性的原理,而证据种类是有关证据个性特征的原理。学理上提出的分类不胜枚举,令人眼花缭乱。在海事调查的过程中,用以查明事故真相的证据是各不相同的,可以按其某种特点,从不同角度将其分为不同的种类。比如,按照证据来源的不同,可以把证据分为原始证据与传来证据;按照证据能不能直接证明事故主要事件,可分为直接证据与间接证据等。这些证据分类既然是从不同角度来划分的,因此,就某一具体证据来讲,按一种分类属于某一类证据,而按另一种分类则属于另一类证据。例如,一个值班驾驶员提供证言,两艘船是如何发生碰撞的,从这一证据的表现形式来说,属于言词证据;从其来源上讲,属于原始证据。对证据加以分类是完全必要的。这样做有助于揭示各类不同证据的特征,深入考察其作用,提供正确运用证据的一般规则。

一、证据种类

1. 原始证据和传来证据

根据证据的来源,可将证据分为原始证据和传来证据。原始证据是指直接来源于案件事实而未经中间环节传播的证据,即与案件事实有关的第一手资料。如事故现场提取的痕迹、物证等。传来证据是指经过一定的中间环节、间接来源于案件事实的证据,即经过传抄、转述、复制等手段而形成的与案件事实有关的第二手材料。如根据无法提取的物证制作的模型,书证的复印件、照片,证人转述他人感知事实的证言,当事人对非直接感知的事实所做的陈述等等。传来证据不管经过多少次转抄转述,追本溯源都是从原始证据派生出来的,所以又叫派生证据。

这种证据的分类并不取决于证据是否为海事调查人员所直接获取。调查人员亲自询问某当事人获得的陈述,如该陈述是别人转告他的情况,则还是传来证据;而调查人员委托外地调查人员询问某目睹事故的当事人而形成的询问笔录,仍属于原始证据。

传来证据只要查证属实,也可以作为认定事故事实的根据。但是,传来证据在转抄转述的过程中很可能发生差错而不符合原来的情况,故其可靠性程度不如原始证据。在海事调查中,对两种证据都要加以收取,不能只注意搜集原始证据,而把传来证据看作无关紧要而随意舍弃。

2. 直接证据与间接证据

根据证据与事实之间联系的紧密程度,可将证据划分为直接证据和间接证据。直接证据是指能够单独、直接证明主要事实的证据;间接证据是指不能单独证明案件主要事实,而需与其他证据相结合,经过合理的推理才能证明案件主要事实的证据。

调查人员可以从一个证据合理地并符合逻辑地推定出与事实相关的其他证据的存在,该证据称为间接证据或推定证据,它表明了证据与事实之间的紧密联系。一艘渔船上的一块油漆痕迹是表明与此油漆相吻合的船舶与这艘渔船有过接触的间接证据。在调查过程中,尽管间接证据本身的价值很有限,但可以为进一步调查指出方向。直接证据与间接证据的划分,依据的是单独一个证据与案件主要事实的证明关系。直接证据与案件主要事实的证明关系是直接的,以直接证明的方式对案件的主要事实起到证明作用。间接证据与案件主要事实的证明关系是间接的,单独一个间接证据不能直接证明案件的主要事实,它只能证明案件事实中的某一情节或片断,如要证明案件主要事实,必须与其他证据结合起来,以推论的方式即间接证明的方式起证明作用。直接证据与间接证据的名称,即由此而来。

事故调查实践中的直接证据主要有:

(1) 当事人的陈述。由于当事人是事故的亲历者,其陈述大多能直接证明案件主要事实,因此是常见的直接证据。

(2) 能证明案件主要事实的证人证言。如在碰撞逃逸案件中能指明逃逸船的船名的证言。

(3)能证明案件主要事实的书证。书证是以其记载的内容证明案件事实的,如果其记载的内容能直接证明案件主要事实,就可以成为直接证据,如航海日志的记录、航向记录仪的记录、车钟记录仪的记录等。

勘验笔录、鉴定结论通常都不能单独直接证明案件的主要事实,一般不能成为直接证据。在实践中,间接证据的范围是相当广泛的,难以分类概括。一般说来,只能证明时间、地点、结果、动机等单一的事实要素、案件情节的证据都是间接证据。

3. 言词证据与实物证据

根据证据的存在和表现形式,可将证据分为言词证据与实物证据。

(1)言词证据

言词证据是指以人的陈述为表现形式的证据,因而又称人证。它包括以人的陈述形式表现出来的各种证据,如事件当事人的陈述、证人证言、鉴定结论等。

就其内容而言,言词证据是陈述人直接或间接感知的与案件有关的事实,其表现形式是通过询问而取得的陈述,而陈述又需一定的载体。言词证据通常以笔录(即记录材料)为载体,如事故调查中对当事人、证人的询问笔录,证人提供的书面证词,使用录音、录像的方式记录的陈述人的陈述。不管记载方式如何,记载的内容仍是陈述人对案件事实的陈述,因而都是言词证据。鉴定结论是一种较特殊的言词证据。它与当事人的陈述、证人证言等言词证据有所不同,它的内容是鉴定人对执法人员提交的与案件有关的专门性问题进行鉴定后出具的书面结论。但鉴定结论终究是一种陈述。鉴定结论是鉴定人以书面陈述的形式对案件中的专门性问题发表的意见或看法,实质上仍是一种陈述。在英美法系国家中,鉴定结论就属于证人证言的范畴,也称为"专家证言"或"专家意见"。

①证人证言

证人证言是指自然人就其亲身感知的事实向执法机关所做的陈述。证人是独立于当事人以外的第三者,一般情况下与事故不存在利害关系,因此比较客观。海事中通常存在证人的情况比较少,并不是没有,如事故船上独立工作人员、其他船上的人员、岸上人员等。尽管我国现行海事调查法规中没有提到证人证言这一证据,但在实际的事故调查中它还是存在的。因此调查人员在事故调查中应注意证人证言的收集和运用。

②当事人陈述

当事人陈述是指当事人就感知、了解或者认识的事实向调查人员所做的口头书面或其他方式的陈述。海事调查中,当事人包括事故各方当事人和与事故有利害关系的有关人员。当事人陈述是海事调查中广泛使用的一种证据,调查人员应充分认识到他的重要性。另外,也应该认识到当事人的陈述中可能存在的主观片面性,不能轻信。

③鉴定结论

鉴定结论是指专家凭借专门知识来检测、分析、鉴别待证事实后,以书面或口头方式做出的判断性意见。鉴定结论作为一种独立证据,具有两个基本特征:其一,鉴定结论是鉴定人对事故中的专门性问题提出的客观、理性的意见,不是感性认识;其二,鉴定结论只是鉴定人就事故中的专门性问题发表意见,而不解决法律问题。在海事调查中,鉴定结论具有其他证据形式所替代不了的作用。某些物品、痕迹等,只能依靠鉴定结论,才能确认其与事故事实的联系,才能成为证据。

(2) 实物证据

实物证据是指以实物形态为存在和表现形式的证据,又称作广义上的物证。它包括各种具有实物形态的证据,如物证、书证、视听资料、勘验笔录等。物证、书证、视听资料都是以实物形态存在的,自然应归属于实物证据。勘验笔录是由执法人员对与案件有关的场所、物品、人身进行实地查看、检验、调查后所做的记录,通常表现为一定的书面材料、照片、绘图,就其内容而言,它是对有关场所、物品、人身情况的客观记载,而不是执法人员的意见或判断,因而也应归入实物证据。

① 物证

物证是以自己的属性、特征或者存在状态来证明事故事实的获得痕迹。物证是海事调查中的重要证据之一,是客观存在的物品或痕迹,具有较强的稳定性。实际工作中物证的搜集比较困难,应尽最大可能去发现、搜集。例如被撞坏的船体、码头等。

② 书证

书证是以文字、图形、符号等所表示的内容来起证明作用的文件或者物品。只有人们主观思维活动过程的反应,并且能够为人们所识别的情况下,才是书证。虽然其具有书面形式,但却以其存在、所处的位置或外部特征等对事故事实起证明作用的物品才是物证,不是书证。我国《海上交通事故调查处理条例》中所规定的文书资料应属于书证。

③ 视听资料

视听资料是以录音带、录像带、光盘和电脑及其他设备储存的音像信息起证明作用的证据。视听资料可以直观地、生动地反映和再现事故事实的发生过程,以原声原貌、直观地反应事实,这是其他证据形式无法比拟和代替的特性。视听资料是伴随科学技术的发展从物证和书证中独立出来的一种证据形式,是事故发生过程中形成的,因而,不同于在调查过程中进行询问、勘验等活动时制作的视听资料,后者是固定保全证据的方法。视听资料越来越成为海事调查中的证据形式。

4. 本证与反证

根据证据与当事人所主张的事实关系,可将证据分为本证与反证。

本证是指能够证明当事人主张的事实存在的证据;反证是指能够证明对方当事人主张的事实不存在的证据。例如,证明碰撞逃逸船是某船的证据为本证,而证明碰撞逃逸船不是该船的证据是反证。

5. 笔录

笔录是指执法人员按照法定格式制作的,用于描述和证明执法过程中发生的具有法律意义的事实状况的书面记录,是一种独立的证据形式。《中华人民共和国行政诉讼法》中规定了勘验笔录和现场笔录两种笔录可以作为行政诉讼的证据。勘验笔录,是指为了弄清事实，由审判人员、法院指派人员或行政机关工作人员对现场进行拍照、测量等勘验活动，将勘验结果制成笔录。勘验笔录是对勘验活动的过程及所发现事实的客观记载。现场笔录是行政诉讼中特有的证据种类，是指行政机关的执法人员在依法行使职权的过程中，对有关的现场、物品进行调查所做的客观记录。勘验笔录和现场笔录是用来固定证据的重要手段，也是恢复现场原状、判明真实情况的重要依据。

6. 法律诉讼证据与海事调查证据

《中华人民共和国刑事诉讼法》第三十条规定："证据有下列七种：（一）物证、书证；（二）证人证言；（三）被害人陈述；（四）犯罪嫌疑人、被告人供述和辩解；（五）鉴定结论；（六）勘验、检查笔录；（七）视听资料。"我国《民事诉讼法》第63条规定："证据有下列几种：（一）书证；（二）物证；（三）视听资料；（四）证人证言；（五）当事人陈述；（六）鉴定结论；（七）勘验笔录。"《中华人民共和国行政诉讼法》第31条也规定了七种证据，前六种与《民事诉讼法》的规定相同，只是第七种证据为"勘验笔录、现场笔录"。这些都是从法律诉讼上对证据进行分类的。由于刑事诉讼、民事诉讼和行政诉讼的性质各不相同，故对诉讼证据的分类也不完全相同。

由于我国海事局进行的海事调查处理工作属于行政执法范畴，而不具有法律诉讼性质，故我国颁布实施的海事调查处理法规没有对证据的种类、举证责任、证据保全等做出明确的规定。我国《海上交通事故调查处理条例》中有"搜集证据"的规定，而我国《生产安全事故报告和调查处理条例》中有"搜集证据"的要求，而且这两个海事调查处理法规都贯穿运用证据查明事故事实及事故原因的基本精神。尽管海事调查中所需搜集和运用的证据与法律诉讼中的证据在性质上是不同的，但这两个海事调查处理法规非常注重证据的搜集和运用。综合我国海事调查处理法规中有关调查取证的具体规定，似可将海事调查中的证据归纳为以下几种：①当事人与有关人员的陈述；②文书资料；③物证；④检验与鉴定意见；⑤检核与勘验记录。除了视听资料外，这五类证据在证明事故事实的方式和作用上可与法律诉讼的各类证据相对应。

视听资料是以录音、录像所反映的声像、计算机储存的资料，以及其他科技设备与手段的信息来证明事故事实的证据。视听资料是伴随着科学技术的发展从书证、物证中独立出来的一种重要的证据形式。视听资料是以现代科技设备为载体，以其反映的内容来证明事故事实的，能形象生动、直观地反映事故事实，是其他证据无法替代和比拟的。海事调查中越来越依靠视听资料查明事故原因，但是目前有关事故调查的法规中没有列明此项证据，为了符合法律要求，目前可暂时将视听资料归类于文书资料。

二、证据调查

要从事故中吸取教训，为海上安全服务，首先必须查明事故的事实。要查明事故事实，就必须深入实际，广泛搜集能够反映事故真实情况的证据。只有掌握了充分的证据，并对其进行科学分析和综合研究，才能对事故事实做出客观的结论。因此，搜集证据是查明事故事实的前提。

1. 证据调查步骤

事故的种类、性质和具体情况不同,证据调查步骤、范围也会有所不同。但对大多数的事故来讲,证据调查过程都应包括明确调查任务、分析已知信息、提出调查假设、固定保全证据和审查判断证据等步骤。

(1) 明确调查任务

虽然证据调查的基本任务是一样的,但对每一起事故来说具体的调查任务并不完全相同,如碰撞与沉没事故调查的任务就不相同。明确调查任务包括两层含义:①明确本事故调查的总的任务,即要查明的是什么事故,关键原因是哪几个方面;②明确调查人员所应完成的一系列具体任务,如勘验事故现场、查找证人、提取书证、询问当事人和有关人员等。做好调查的准备工作。

(2) 分析已知信息

调查人员接到事故报告后会收到一定的信息,应首先对这些已知的信息进行分析。分析已知信息的过程也就是明确调查任务和提出调查假设的过程。分析已知信息要客观全面地进行,只有这样才能制订出切实可行的调查计划。

(3) 提出调查假设

调查人员在分析已知信息后,应进一步提出调查假设,即根据具体调查任务和已知信息归纳整理未知事实,提出潜在证据假设。从某种意义上讲,筛选证据调查假设的同时也就选择了证据调查的途径。调查人员在进行证据调查假设时,应保持思维的开放性和多维性,多考虑几种可能性。在调查的过程中,调查假设应不断在动态中进行调整,及时选择并保持证据调查的最佳途径。

(4) 固定保全证据

固定保全证据是指海事法院根据海事请求人的申请,对有关海事请求的证据予以提取、保存或者封存的强制措施。海事调查人员在进行具体调查中采取提取、保存或封存中的哪种形式,应根据不同情况而定。海事证据保全的目的是为了保护当事人的权利,保证海事审判任务的完成。

(5) 审查判断证据

审查判断证据是调查人员对当事人及证人提出的证据和调查人员收集的所有证据进行分析、研究,按照一定的原则鉴别真伪,确定证据的证明力,从而认定案件事实的活动。审查判断证据的目的有以下四个方面:①审查证据是否确实、充分;②确定综合全案证据对案件事实应做出何种结论;③审查案件事实是否确已查清;④确定案件事实结论是否具有客观真实性。

此外,在进行证据调查过程中,应当注意一些相关事项:

① 必须依法进行

海事调查员在搜集证据的过程中,必须依法进行,不得使用威胁、引诱、欺骗以及其他非法手段。避免超越权限或滥用职权而侵犯当事人或有关人员的正当权益。利用非法手段所取得的证据,也不应用于事故的分析中。

②必须主动、及时

事故发生后,当事人员可能为逃避或推卸责任而编造假证据,以掩盖事实真相,同时,事故发生时所留下的痕迹、物品,由于自然条件的变化或其他种种原因会发生现场变动、痕迹消失、物件丢失或变化等情况。当事人和有关人员还可能互相商讨以统一口径。此外,当事船舶如损害不严重会离开海事调查机关所在地,而船上当事人或有关人员也可能因工作调离和公休离船,所有这些情况都不利于调查人员全面客观地搜集证据。实践证明,取证工作进行得越快,越容易发现和取得充分而确实的证据,越有利于准确、及时地查明事故事实。

要做到主动、及时搜集证据,海事调查人员必须做好充分准备。事先熟悉每类海事的发生过程,牢记需要收集的证据等。当接到事故报告后,根据初步资料,迅速制订搜集证据的计划,确定需要搜集的证据范围。

③必须客观、全面

证据是客观存在的事实,搜集证据必须遵循客观事实,决不容许以主观臆断代替客观事实,或者偏听偏信、随意取舍,更不能断章取义、歪曲事实。如果脱离事故实际情况,从主观想象出发,带着框框(如主观猜想是人为责任事故)去搜集证据,这样搜集到的证据就会是片面的、不真实的。如果根据这种证据来认定事实,必然得出对事故认定的错误结论。

搜集证据必须全面。只有全面搜集能够反映事故情况的一切证据,才能查明事故的全部情况。例如,可以反映事故发生时间、地点、原因、经过、结果的各种证据都要全面地调查和搜集;既要搜集涉及人员疏忽或过失的证据,也要搜集船舶及其设备缺陷的证据,还要搜集自然条件不利、管理工作不善的证据。总之,每次事故都是在人—船—环境这个系统中发生的,调查事故时一定要搜集各个方面的证据。

④必须深入、细致

由于当事人制造假象或者自然条件的变化,使得事故现场常常出现复杂的情况。了解事故发生过程的知情人,也可能由于与当事人有某种关系或其他原因,而不愿如实地提供情况。因此,在搜集证据的过程中,无论是进行现场勘验,还是向有关人员进行询问,都要非常深入、细致,绝不可放过任何疑点和微小的痕迹。必须有刨根问底的精神,认真查明有关情况的来龙去脉,善于通过表面现象抓住事物本质,找到有实际意义的证据。如果取得的证据是传来证据时,应当尽可能追本溯源,力求取得原始证据。总之,取证时决不能粗枝大叶、马马虎虎。

⑤注意证据的固定保全

海事发生的环境一般都非常特殊,证据的搜集比较困难,证据的消失非常容易。因此,在搜集证据过程中,对有关事故现场进行勘验时,不仅要有文字记载,而且还应该采取拍照、录像、绘图、制作模型等方法将有关情况固定下来。对于搜集到的证据应妥善保管,防止证据丢失、损坏。

2.证据的调查方法

(1)证据调查的思维方法

证据调查不仅是一种行动过程,也是一种思维过程,每一环节都要采取一定的思维方法。证据调查思维是调查主体在证据调查的过程中,利用科学的思维方式,对证据调查的客体——事故中的人、事、物、时、空及相互关系的各种证据,进行分析、综合、判断、推理等的思维活动。其思维有四个特点:

①对抗性——事故调查是为了查清事故发生的原因,由于各方面的原因,从整体上来看证据调查思维不可避免地染上了对抗性的特点。因此调查人员应特别注意这种特点,尽可能利用反省思考法,即设想被调查人思维方式。

②逆向性——事故的发展符合事物发展的因果关系,即原因在先、结果在后,这是事物发展的基本顺序,而证据调查过程中,调查人员的思维方式一般是"由果导因"的模式。

③时效性——不管哪类事故,各种证据都会随着时间的变化而变得难以收集,或者证明力降低,甚至消失。法国著名侦查学家艾德蒙·菲加尔曾说过:"侦查工作的头几个小时,其重要性是不可估量的,因为失掉了时间,就等于蒸发了真理。"调查人员不可能脱离事故发生的时间和调查期间来进行证据调查,也不可能无限期地延长调查。

④复杂性——证据调查思维的客体(人、物、事、时、空及相互关系)的复杂性和证据种类的多样性,决定了证据调查思维的复杂性。因此,进行证据调查需要多方位、多角度地思考。

证据调查思维方法是思维层面的证据调查方法,是指调查主体在证据调查时所运用的各种思维手段和工具。证据调查思维方法是多层次、多结构并且多样化的,不同的思维方法起着不同的作用,有着不同的适用范围和功能。主要有以下几种方法:

①分析与综合方法——分析方式就是在思维过程中,把对象的整体分解为部分、要素、环节、阶段等分别加以考察的方法;综合方法就是在思维过程中,把对象的各个方面、要素、环节、阶段等结合成整体的方法。

②要素联系法——要素联系法是辩证思维方法在证据调查中的具体运用。任何事物都是相互联系的,每个事物内部的要素也是相互依赖、相互制约的。事故中的诸多要素也是相互联系的,要素联系法就是探求各要素之间联系的思维方法。

③调查假说方法——假说是人们对于研究的事物或现象做出的一种假定性解释。调查假说,也称为调查假设,是调查主体根据所获得的信息,运用以往的知识和经验对需要查明的问题做出的推测性说明和解释。调查假说是以客观事实为依据做出的推测,具有科学性,不是胡说。调查假说随着调查活动的开展,有的有可能被否定,有的需要修改。调查人员在进行思维过程中,应避免思维误区,防止思维上的错误转化到证据调查活动中。主要防止思维的表面性、片面性、主观性,思维定式和思维违反逻辑。

(2)证据调查的逻辑方法

逻辑推理是证据调查中不可缺少的辅助性思维工具,它能帮助调查主体提高认识和分析能力。逻辑推理在证据调查活动中得到了普遍适用,具有十分重要的意义。证据调查的各个阶段都离不开逻辑推理,分析已知信息、提出调查假设、调整调查假设以及审查判断调查结果等都需要逻辑推理的支持。逻辑推理能力不是自然而然就能掌握的方法,需要调查人员努力学习,并不断地在实践中运用、总结。逻辑推理主要包括直接推理和间接推理。

(3)证据调查的其他方法

随着科技的发展,证据调查中应用技术的领域非常广泛,按其在证据调查中的作用分为:发现、提取证据的技术,记录、储存、传递信息的技术,检验鉴定的技术。证据调查中经常应用的方法还有询问、勘验、鉴定等,将在以下各节中结合海事调查资料进行分析。

第二节 审查判断证据

海事发生的客观事实是由证据来证明的,但是,海事调查员搜集到的证据往往有真有假。因此,海事调查员应以辩证唯物主义为理论,采取实事求是的原则,对所搜集到的证据进行审查判断。

证据和事故事实都是客观存在的,证据和事故事实之间的联系也是客观存在的。审查判断证据就是主客观统一的过程,海事调查员的主观认识能如实反映客观,正确查清事故的真实情况;反之就不能。调查人员必须坚持辩证唯物主义的思想方法、熟练的技术和业务知识、丰富的实践经验,才能保证正确判断证据,查清事故事实。

一、证据采用标准

证据采用标准是指海事调查活动中有关人员提出的证据能否被采用所依据的标准。证据的采用标准包括:

1. 客观性标准

证据的客观性即证据所应具有的客观存在性。采用证据的客观性标准,要求只有客观存在的事物、事实、事故的反映以及其他客观存在的材料才可以成为证据,而任何主观的东西,诸如推断、猜测、臆想等都不得采用做为证据。客观性标准具体包括两个方面:

(1)证据的形式必须是客观的,以人们可以感知的方式存在。一种是以客观物质形态出现;另一种是以记录人陈述的各种记录方式存在。法律所规定的证据种类,便是法律对证据形式的客观性要求。

(2)证据的内容必须是客观的。证据内容的客观性,就是要求证据不论以何种形式存在,都必须是对事故或有关事件、行为的客观反映,只有如此,才能采用为证据。

2. 关联性标准

证据的关联性是指证据必须与所要证明的事故事实存在一定的联系,并对该事实具有证明作用。证据的关联性是证据能够采用的必要条件。证据的关联性可以从两个方面来审查：

(1)证据与事故事实是否在客观上确实存在联系。

(2)证据同事故之间的联系可以是多种多样的。既可以是直接联系,也可以是间接联系;既可以是因果关系,也可以是非因果联系;既可以是必然联系,也可以是偶然联系;既可以是肯定联系,也可以是否定联系。

3. 合法性标准

证据的合法性标准是指证据在程序上必须符合法律的要求才能被采用。合法性标准包括以下内容：

(1)证据的形式必须合法。形式合法要求证据在形式上必须符合有关法律的规定。

(2)证据的来源必须合法。来源合法要求证据的出处必须符合法律规定。如法律规定证明人必须是能辨别是非并能正确表达的人,鉴定人必须具有资格。

(3)证据的搜集程序必须合法。不能通过威胁、引诱、欺骗等审查证据的方式证明事故事实,就是要判断所搜集的证据其意思是否完整、表意是否清楚。

二、证据审查的任务

审查证据的目的是证明事故事实,就是要判断所收集的证据能否确定充分的证明事故的真实情况。

1. 审查证据可靠性

审查证据的可靠性就是查明证据反映的或者证明的情况是否确实存在。审查判断证据的可靠性一般可以从两个方面进行：(1)从证据来源进行审查判断,主要是审查证据的形成过程中有无影响其真实可靠的因素,以及证据提供者有无影响证据真实可靠的因素。(2)从证据的内容进行审查判断,主要审查证据所反映的情况是否合情合理,证据所表明的事务联系是否顺理成章,其重点是查找矛盾和分析矛盾。

2. 审查证据的充分性

查明证据的充分性有两层含义：

(1)查明所收集的证据能否充分地证明事故事实的每一个构成要素。

(2)查明所收集的证据能否充分地证明本起事故事实真相。

充分证明是指所收集的证据能够证明本起事故事实要具备3个特征：

(1)完备性,即所有需要证明的事故事实要素都要有证据证明,而且构成一个完备的证明系统。

(2)一致性,即所有证据证明的事故情况都互相一致,没有无法做出合理解释的差异和矛盾。

(3)排他性,即所有证据证明的事故事实是依据这些证据所能作出的唯一合理结论,没有其他可能性。

3. 审查判断证据的证明价值

证据的证明价值是由证据需要证明的事故事实之间的关联性所决定的。有关联则有价值,无关联则无价值,而且关联的形式和性质不同,价值的大小也有所不同。

(1)分析证据与事故事实有无联系。

(2)分析证据与事故事实之间联系的形式和性质,间接联系、直接联系、链条式联系或是网络式联系。

(3)分析证据与事故事实之间联系的确定性程度,证据与事故事实之间联系的确定性程度是由证据本身的确定性程度所决定的,而证据的确定程度首先是由证据的种类属性决定的,其次是由每个证据的具体情况决定的。

4. 审查证据的合法性

审查证据的合法性,就是要查明证据的搜集方法和程序是否符合法律的有关规定。

三、证据审查方法

基本方法如下:

1. 具体情况具体分析

鉴别证据的真伪及准确程度,一般应从以下几个方面进行具体分析:

(1)有关人员是否出于各种不良动机提供了虚假的证据。

(2)有关人员是否因生理上、认识上的原因提供了不准确的证据。

(3)是否因环境的特点或情况的变化造成证据不能准确地反映事故事实。

(4)传来证据在转述中有无错误。

(5)是否因调查人员工作上的原因造成证据的差错等。

2. 全部证据进行综合分析

要确定证据的客观性,除对它本身进行分析外,更重要的是将它与其他证据对照,进行综合分析。由于任何一个证据都不能自我核实,只有综合分析才有利于鉴别它的真伪。进行综合分析时,必须揭示证据与证据之间、证据与事故事实之间客观上实际存在的联系,反对主观臆断和想当然,把一些本来并无联系的事实生拉硬套、牵强附会地说成是有联系。

3. 认真分析和解决证据中的各种矛盾

在搜集到的各种证据中,某个证据本身以及某些证据之间,不可避免地出现这样或那样的矛盾。审查判断证据时,发现矛盾、分析矛盾、解决矛盾的过程,正是调查人员认识深化的过程。如果某个证据本身有矛盾而没有解决,这样的证据就不能作为定案的根据;如果证据与证据之间存在矛盾而没有解决,就无法判明哪个可靠,哪个不可靠,从而都不能用作认定事实的依据;如果证据与事实之间存在矛盾而没有解决,所认定的事实就没有说服力,站不住脚。

4. 适用形式逻辑来审查判断证据

形式逻辑是研究思维形式的结构及其规律的科学。思维形式指的是概念、判断和推理。形式逻辑研究如何才能做到概念明确、判断恰当、推理合乎逻辑,如何才能做到思维严密、没有矛盾、证明或反驳有力等。因此,审查判断证据要在以辩证唯物主义为指导的同时,很好地运用形式逻辑这一工具,如弄清证据、事故事实等概念的内涵与外延,对证据做出恰当的判断,遵循演绎推理和归纳推理的规则,不违反同一律、矛盾律和排中律等。

四、证据运用

审查判断证据就是为了运用证据来证明事故事实,只有科学地运用证据,才能证明事故事实,查明事故原因。

1. 运用证据证明事故事实的方法

不同的事故调查人员会根据证据和事故的具体情况使用有效的方法,同时运用证据证明事故事实。总的来说,运用证据证明事故事实的方法有以下几种:

(1)直接证明法和间接证明法

直接证明法是指直接用证据的真实性来证明事故事实真实性的方法;间接证明法是指通过证明与事故事实相反之事实为假来证明事故事实为真。

(2)演绎证明法和归纳证明法

演绎证明法和归纳证明法都属于直接证明法。演绎证明法是通过把一般原理或规则适用于具体事故情况,从而证明事故事实的真实性;归纳证明法是通过一系列具体事实或一组证据来证明事故事实的真实性。

(3)要素证明法和系统证明法

要素证明法是通过运用证据证明构成事故事实的每一项要素来证明整个事故事实的方法;系统证明法是从整体上证明事故事实的基本结构,然后再证明具体的构成要素。这两种方法实质上是证明的中心不同。

2. 运用证据的科学性和艺术性

调查人员运用证据证明事故事实时,既要注意科学性又要讲究艺术性。运用证据的科学性是指根据每个证据的证明对象和证明效力来合理安排和使用证据。运用证据的艺术性是指根据每个证据的特点和证明优势来巧妙地安排和使用证据,而且要尽量提高证据组合的证明效力。

运用证据的科学性要求:一方面要客观准确地认识每一个证据,减少运用证据的盲目性;另一方面按证明规律使用证据,减少运用证据的随意性。

运用证据的艺术性要求:一方面了解事故事实证明的难点和要点,以便准确选择证明事故的切入点和路径;另一方面要了解每个证据的长处和短处,充分发挥每一个证据的说服力和影响力。

运用证据的科学性和艺术性是相辅相成的,两者的完美结合标志着运用证据的最高水平。

第三节 当事人与有关人员的陈述

一、事故的当事人和有关人员

事故当事人和有关人员是我国有关海事调查法规中提出的名词,如《中华人民共和国海上交通安全法》第四十二条规定:"船舶、设施发生交通事故,应当向主管机关递交事故报告书和有关资料并接受调查处理。事故的当事人和有关人员,在接受主管机关调查时,必须如实提供现场情况和与事故有关的情节。"《海上交通事故调查处理条例》第十一条授权海事局在海事调查中可询问有关人员,要求被调查人员提供书面材料和证明。以上这些规定中涉及"事故当事人"、"有关人员"、"被调查人员"等概念,但没有使用"证人"这一概念。这种用法是与海事调查特性相符合的。

我们知道,海事调查与法律诉讼是不同的。虽然海事调查和民事诉讼中都有当事人,但含义不同,民事诉讼中的当事人有原告和被告之分,而海事调查中的当事人则不然。此外,尽管海事调查中的有关人员类似于法律诉讼中的证人,但两者性质上大不相同,前者必须是与事故有关的人员,而后者必须是与案件无关的人员。然而,有关人员与证人也有相似之处,即有关人员是了解一部分事故事实的人员,证人是了解一些案件情况的人员,两者都有提供情况(或作证)的义务。概括起来,海事调查中事故的当事人可认为是了解事故主要事实(事故经过和结果)的,在发生事故时负责船舶航行、停泊或作业的值班人员,事故的有关人员可认为是了解事故部分事实的人员。对于不同种类的事故,当事人与有关人员的范围是不同的。

实际工作中,难以对某些事故的当事人和有关人员的范围做明确的划定,但这并不影响调查取证,他们可统称为被询问人或被调查人。事故的当事人和有关人员都属于被询问人或被调查人的范畴,他们都有"必须如实提供现场情况和事故有关的情节"的义务。海事调查并不针对某人,而是针对事故本身进行的,故调查人员也没有必要正式宣布谁是当事人、谁是有关人员。但是,为了搜集到重要的证据,要将这些与事故关系更加直接、更加密切的人员即基本上可属于当事人范畴的人员作为调查取证的重点对象。

二、当事人与有关人员陈述的分类

按当事人与有关人员对事故事实的陈述所提供的方式划分,有事故报告和被调查(询问)时的口述证言和书写的书面材料两类。

事故发生时用电报或无线电话发出的海事报告和船舶到港后(在港船舶在规定时间内)递交的事故报告书,作为证据来说,可以认为是当事人(以船长的名义代表事故船舶)的陈述。这两类报告都是有关事故调查的法规明文规定的内容,也有明确的范围。应该说,事故报告作为一种证据能在一定程度上反映事故事实还是部分的事实,需要审查判断,不能仅凭事故报告对事故事实做出结论。在调查人员调查(询问)事故的当事人或有关人员时,他们所做的口头或书面的陈述也是一种证据。搜集这种证据的目的主要有三个:其一,用它检查或印证事故报告中提供的事故情况是否真实;其二,用它补充事故报告中没有涉及的事故情况;其三,用不同当事人或有关人员的陈述互相验证,以获得同一事故的事实情况。

总之,事故的当事人和有关人员的陈述作为一个整体构成海事调查中的五种证据之一,它对于证明事故事实是重要的、不可缺少的。陈述属于言词证据一类,因其中可能存在矛盾的地方,所以特别需要调查人员认真细致地审查判断。

三、对事故当事人和有关人员的询问

由于海事发生环境的特殊性,对事故当事人和有关人员询问这一搜集证据的过程显得尤为重要。要做好这一工作,必须注意下列各点:

1. 询问当事人和有关人员的准备

在询问事故的当事人和有关人员之前,调查人员要做好充分的准备。首先要详细阅读和分析事故报告的内容,发现其中矛盾和不清楚之处以及没有涉及的但对确定事故事实有关的问题,预先拟订好询问提纲或要点。调查人员应努力做到在询问事故当事人和有关人员之前对事故的大致情况做到心中有数而又不带有框框。然而,要使调查取证更为有效,争取及早对当事人和有关人员进行询问是十分重要的。原因之一是及早询问他们对事故的情节仍记忆犹新;原因之二是尽可能避免他们之间"统一口径"或受到外界(特别是其单位负责人)的不良干扰。海事局的海事调查人员应尽可能成为首先向发生事故船舶的船员进行调查询问的人员。

2. 询问当事人和有关人员的顺序

询问当事人和有关人员的顺序,取决于被询问人是否是事故的关键人物、事故的接触程度以及事故的严重性等因素。一般来说,根据他们在事故中的责任和受牵连的程度,先重后轻地进行询问是比较理想的。对位于事故当时现场的人员、与事故发生直接相关的人员、船舶值班中的负责人员应尽可能首先进行询问。

3. 询问的内容

事故的当事人和有关人员一般身处事故现场或在不同程度上了解有关事故事实的某些情况,调查人员询问他们的内容或要求他们陈述的内容是对查清事故情况的一切有意义的事实,而不强求他们对这些事实做出判断。当事人和有关人员陈述的情况,可以是亲自听到或看到,也可以是别人听到或看到的而转告他们的。对于别人转告的情况,必须说明来源,说不出来源的消息不能作为陈述内容。对于法律诉讼来说,当事人和证人等关于案情的估计和推测是不能作为陈述内容的,即不能作为证据。在海事调查中,可以让事故的当事人和有关人员做事故情况的估计和推测,以便他们寻找证据或分析事故情况。但是,这种估计和推测不能作为认定事故事实的根据,调查人员不能被毫无理由的估计和推测所迷惑而误入歧途。

4. 说明调查权限和当事人与有关人员的义务

在调查人员见到事故的当事人和有关人员之后,首先应说明海事调查法规赋予自己的调查权限,告知海事调查法规要求事故当事人和有关人员如实提供事故情况的义务。如果他们不如实提供事故情况或掩盖或编造事实将可能受到处罚。这样做,可以提高他们的责任感。

5. 询问方式与态度

在询问事故的当事人和有关人员时,应当分别进行,不能采用集体询问的方式,避免当事人、有关人员之间的互相影响,确保他们能独立地提供自己所了解的情况。海事调查人员的询问应有利于当事人与有关人员将他们知道的情况如实地讲出来,而不应采用诱导性提问,让询问按照调查人员推测的事故情节发展。询问时,调查人员的态度既要严肃认真,又要和蔼礼貌。调查人员应具有一定的心理学知识,了解各类被询问人的心理,如自愿合作者、态度敌对者等,对不同类型的被询问人,采取不同的态度和方式。

6. 询问记录

询问事故当事人和有关人员时,应当制作笔录,以便在认定事故事实时进行研究,用作证据。询问笔录应当客观、全面地记明被询问人陈述的内容,特别是对于有关事故的重要情节应当按照原话或原意记载清楚。询问结束时,应将笔录交给被询问人阅读。他们认为笔录中的记载有遗漏、添加或错误时,有权要求补充、删除或修改。如果他们认为笔录的记载没有错误,应当签名或者盖章。

四、对当事人与有关人员陈述的审查判断

事故当事人和有关人员的陈述虽然能够反映事故的真实情况,但由于下列因素可能使所提供的情况不确切。

(1) 当事人和有关人员与事故的关系在程度上有差异。

(2) 当事人和有关人员的知识水平、理解和表达能力的差异。

(3) 当事人为减小自己的责任而有意提供不真实的情况。

(4) 为维护或报复当事人而提供虚假的情况。

(5) 为维护本船或公司的名誉或经济利益而提供不确切的情况。

因此,调查人员不能盲目相信被调查人员的陈述,而应该加以审查判断。在审查判断事故当事人和有关人员的陈述(包括海事报告书,可将它看成船长的陈述)时,应根据各被调查人在事故中所处的不同地位和与事故的关系的大小(如当时在值班还是休息,在场还是不在场,始终在场还是事故发生后才到场等)考虑其陈述的可信程度,并且将不同被调查人对事故事实的同一陈述加以比较,发现和分析其中的矛盾。还要将事故当事人和有关人员的陈述与文书资料、物证、检验与鉴定意见、检核与勘验记录等其他几类证据进行比较,以区分真伪。

第四节　文书资料

一、文书资料

《中华人民共和国海上交通安全法》第四十二条要求发生事故的船舶设施应当向海事局递交有关事故资料。《海上交通事故调查处理条例》第六条要求发生事故的船舶设施必须在规定期限内向海事局提交有关事故必要的文书资料。第十一条授权海事局,根据调查工作的需要,要求有关当事人提供航海日志、轮机日志、车钟记录簿、报务日志、航向记录簿、海图、船舶资料、航行设备仪器的性能资料以及其他必要的原始文书资料。第十二条还要求被调查人提供真实的文书资料。上述规定的文书资料是海事调查中一类重要的证据。

文书资料相当于法律诉讼中的书证。它是文字记载或用符号、图画表达了船舶及其机器设备的性能与技术状况,船舶航行、停泊的动态与作业情况,船员与有关人员的思想和行为表现,因而其内容能对事故的真实情况具有证明作用。

视听资料是以录音、录像所反映的声像、计算机储存的资料,以及其他科技设备与手段提供的信息来证明事故事实的证据。随着科学技术的发展,船舶电子设备的记录、VTS、AIS储存的资料在事故调查中的作用越来越大,也是海事调查中的重要证据。

二、主要文书资料

在海事调查过程中,文书资料主要包括书证和视听资料。

1. 书证

书证是以文字、符号、图案等表示的内容证明待证事实的客观资料。即书证是指以其内容来证明待证事实的有关情况的文字材料。凡是以文字来记载人的思想和行为以及采用各种符号、图案来表达人的思想,其内容对待证事实具有证明作用的物品都是书证。书证在形式上来讲取决于它所采用的书面形式,从内容上而言取决于它所记载或表达的思想内涵,与案情具有关联性,因此能够作为认定案件事实的根据。书证的特点是以文字、符号或图画等来反映一定思想内容,这种思想内容能够用来为调查人员认定案件事实提供某种信息来源,便是有关书面材料成为书证的前提条件。假如虽有一定的思想内容,但却不能体现与案件的待证事实具有关联性,那就不能作为证据加以使用。书证的载体最常见的为纸张,记载的方式有手书、印刷、打印等。书证是以文字、特定符号和图表等来记述人的思想和行为,或者对某一事件予以记载,或对特定物体加以描述,或对某一事物加以表述,其内容能够证明与案件待证事实具有关联性的物质材料;在形式上是基于书面为标准。

书证的种类繁多,水上交通事故调查中常见的书证包括:书信、文件、海图、配载图、传真及电报文稿、船舶证书、船舶设计图纸、航海日志、轮机日志、车钟记录簿、油类记录簿、船长/轮机长指令、夜航命令簿、公司安全管理手册、航海仪器记录簿、电台日志、船员名单、船员适任证书、各种计划等。因此,书证是水上交通事故调查中最常见和最常用的一种证据。

2. 视听资料

视听资料指通过录音、录像、电子计算机及其他电磁方式记录储存的信息来证明有关事实的资料,也称音像证据或音像资料。我国的行政诉讼法将视听资料规定为一种独立的证据形式。国外多将有关的证据形式归入书证的范畴,也有的将其归入物证的范畴。视听资料的产生实质是对待证事实中物质存在和变化的情况进行记录的结果。物质世界不仅是由实体物构成的,还包括有以场(如电磁场)的形式存在的物质。事件的发生除了会引起实物的外部特征、内在属性、存在状态等发生变化外,往往也会伴随着以场的形式存在的物质发生变化。如日常用到的电能的传输就涉及电磁场的变化。以场的形式出现的物质及其变化的情况不易观察和保存,难以像传统的物证、书证等作为证据加以利用。如果使用一定的设备,则可以将由场的变化所反映的物质世界的变化情况记录下来,记录的资料中含有有关事实发生的信息,当我们需要证明有关事实发生的情况时,这些资料就可能成为证据。记录这些电磁现象使用的物质载体多种多样,但为了满足人在认识上的需要常采用一定的技术方法将存储的信息以人能够通过视觉或听觉感知的形式显示出来,这也是将其称为视听资料的主要原因。视听资料是借助现代科技手段储存并可再现的信息资料,是随着现代科学技术发展而出现的一种新的证据,常见的如录音、录像以及电子计算机储存的资料。

录音资料是由录音设备将事件发生过程中产生的音响记录下来形成的资料。常用的记录介质是录音磁带,也有使用数字录音技术将信息存储于磁盘或其他存储器中的。存储的信息可经过一定设备播放出来,再现与案件有关的声音,也可供分析比较,确定声音形成的有关情况。如飞机上的"黑匣子",船载航行记录仪(VDR)对 VHF 通信的记录等。录像资料不仅指使用录像机记录的图像资料,还包括用照相机、电影摄影机等设备记录的图像资料,其共同的特征是记录有反映有关事实发生过程的图像信息并可使人感知。人们能够看到客观存在的物体,是由于光照射在物体上,物体对不同波长的可见光反射结果不同,人感知为颜色和明暗程度不同。采用适当的设备可以将物体发射或反射光线的现象记录下来,较为常见的方法有:一是利用化学物质的感光特性的方法,如采用摄影方法将图像记录在感光胶片上,再现时制作成照片或用放映机械将图像投射在屏幕上观察;二是利用光电转换原理,如采用摄像机将图像记录在磁带或磁盘上,重现时采用放像设备将图像显示在其他物体上。物体不仅是在可见光范围内会由于自身的发光或对照射光线的反射而形成图像,在红外线、紫外线下也可因反射的差异而形成能反映物体形状的图像,有的物体在一定条件下也会发出红外线、紫外线等射线而形成图像。这些由于物体自身发出射线或反射外来射线形成图像的过程与可见光线下形成图像的过程并无本质的不同,只是人眼不能直接感知。利用对红外线或紫外线敏感的设备,可以记录下凭人肉眼不能感知的现象,如在黑暗的夜间采用红外线摄影或录像可以记录下物体的形状和活动过程。基于同样的原理,也可记录下物体受 X 射线等电磁波照射下显现的形状。根据实际的需要,摄像的设备通常配有录音装置,将反映事件发生过程的图像和声音一并记录下来,更全面地反映有关事实。

计算机系统存储有关信息的方式和介质多种多样,现在常见的有硬磁盘、光盘等。在计算机运行的过程中,相关的信息可以临时存储于计算机的内部存储器中。由于计算机在运行时所有的信息都需要被转化为按一定规则排列的数字信号处理,所以不管采用何种形式、何种介质存储信息,最终这些信息可以用一定的设备转化为对应的电磁信号。从对事实的证明作用的角度看,可能成为视听资料的计算机存储的资料主要有两种情况:一种情况是使计算机按人的要求运行的程序,包括由计算机控制其他设备运行的程序,程序是按一定的规则编写的操纵计算机运行的指令,计算机按照程序设定的顺序完成各项指令,通过程序可以了解计算机运行时可能发生的情况和受计算机控制的设备可能发生的情况;另一种情况则是由人通过其他设备输入计算机或经计算机处理后形成的数据资料,存储的数据资料可以转化为文字或图形显示,可以反映计算机处理的结果。

除录音、录像和使用计算机存储的资料外,人们在各个领域广泛地采用电磁方式或其他技术手段对各种人为和自然的现象进行记录。记录的信息可通过一定的仪器设备以声音或图像的形式再现,使人能够感知并据以了解有关情况。如通信过程中发射的无线电信号可以被记录下来并据以分析其中携带的信息;港口 VTS 使用雷达扫描获得的信息可被记录下来并在屏幕上显示出来,反映某一时刻某一水域船舶动态、分布情况等。

三、文书资料的收集

发生事故的船舶有法律义务向海事调查机关递交有关文书资料,而调查人员有权要求事故的当事方提供必要的文书资料,故在这一海事证据的搜集上基本不存在问题。然而,由于事故种类不同,因此所需收集的文书资料的范围要由调查人员确定。上述海事调查法规明文提及的文书资料的项目,基本上是针对船舶碰撞、搁浅、触碰、浪损等航行事故而列举的。对于火灾、爆炸、风灾、机损等事故来说,需要收集的主要文书资料大都没有列举出来。例如,调查因货物移动而导致船舶翻沉的事故,需要收集船舶稳性资料、货物配载图、装货作业记录当时的天气和海况预报等文书资料。所应收集的文书资料可以是原件,也可以抄录、复印、拍照,随后让当事人签字认定。

海事调查人员应该注重从船舶的 VDR、GPS 存储器、雷达存储器等能够保留电子痕迹的设备中收集相关的视听资料。

四、文书资料的审查判断

审查判断文书资料时,首先要辨别其真伪。在船舶碰撞事故发生以后,当事船舶为推卸责任,常常会出现修改航海日志和车钟记录簿的情况。调查人员应从记录内容的逻辑性和笔迹来辨认它是不是原件。其次要分析研究文书资料的内容是否真实或正确。文书资料是原件并不等于它能反映客观事实。例如,船舶搁浅或触礁事故,往往由于船舶定位仪器有误差或值班驾驶员定位方法不当而造成船舶偏离计划航线所致。按照海图上所画的系列船位,根本不可能搁浅或触礁,但事实上船舶搁浅或触礁了。这就说明画有航线和船位的海图这一文书资料虽然是原件,但没有反映船舶的实际航行路线和正确船位,是错误的海图作业。然而它又反映了事故的客观真实,船舶定位仪器有误差,值班驾驶员没有修正误差而进行错误的海图作业导致船舶偏航而搁浅或触礁。

视听资料证据依赖于科技设备,如果设备发生故障或者有人对其进行拼接、剪辑或伪造,就会出现失真或虚假。因此,应对视听资料证据认真审查,确认真实后方可使用。

第五节　物证

一、物证

《海上交通事故调查处理条例》第十一条和《特别重大事故调查程序暂行规定》第4条都明确要求搜集物证,物证是指能够用以证明事故真实情况的一切物品和痕迹,如一截破损的管子、一个废弃的法兰盘、一段断裂的锚链等。物证的存在形式指实物和痕迹所处位置、环境、状态、与其他证据的相互关系等。物证的内在属性指实物的各种物理化学性质,如质量、成分、结构、功能等。物证的外部特征指实物的形状、大小、数量、颜色、新旧程度等。因此,可以说物证指能够以其外在形式、外部特征、内在属性证明案件真实情况或其他待证事实的实物。

物证的形式多种多样,是以它的存在情况、形状、质量、特性等来证明事故的真实情况。物证反映了事故发生所引起的外界变化。例如船舶碰撞会使两船相碰部位产生痕迹或破损,这些痕迹或破损的多少、大小、形状、破损程度能证明两船的航向、交角、相对速度等。物证可以用来审查其他证据的真伪。因为物证是一种客观存在的具体物品和痕迹,所以比较容易查实。它不像事故当事人或有关人员的陈述或文书资料那样,容易受到人的主观因素和其他复杂情况的影响。运用已经查实的物证去审查、鉴别其他证据,常常能收到较好的效果。

在海事事故调查实践中,往往同一物品既可以是物证,也可以是书证,关键看哪一类特征起作用。如船舶的航海日志记载,如果以其记载内容证明事件事实,这时它被作为书证看待;如果在其上有涂改、伪造的痕迹,并被用于证明伪造事实的存在,则该证件被作为物证看待。成为物证的实物本身具有一定的稳定性,与待证事实相关特征产生后也能在一定时间内保持不变。采用适当方法可以使有证明作用的特征得以固定和保全。实际中成为物证的物质材料的稳定性有较大的差异,有的物证因环境因素的变化而发生自然变化,如液化、腐蚀、挥发等,有的物证可因人为因素干扰而发生变异。因此,发现物证后应及时提取,并采取适当的方法保存。

物证的表现形式多种多样。从与案件关系的角度看,在事故调查案件中,常见的有:事故现场遗留的痕迹,造成事故的实物,表现事故后果的物品,其他可供查明事故特征的物品和痕迹,如造成火灾事故的货物样品,造成机器损坏的燃油样品,爆炸后遗留在现场的物品,碰撞逃逸船在被碰撞船上留下的油漆痕迹等。

二、物证的搜集和保全

物证一般是通过现场勘验搜集的。海事中单物证容易变化或消失,调查人员接到海事报告后,应迅速赶赴现场搜集物证。

随着时间的推移,物证有变化和消失的特点,因此,搜集到的物证应尽快做好固定工作。首先,应对物证进行拍照并记录有关情况;其次,采取技术手段提取物证;最后,根据不同的物证,选择合适的器皿将其保存。所有的物证都应贴上标签并进行登记,以备以后使用。

三、物证的审查判断

物证的审查判断就是对搜集来的各种物证进行分析研究,以辨别真伪和确定其能否证明事故事实。常用的方法主要有三种:

1. 通过辨认进行审查判断

让事故的当事人和有关人员辨认物证是否属于发生事故的船舶(如拖带事故中搜集的破断的缆绳),是否位于事故现场(如舱室火灾事故中搜集的烧坏的电炉)。进行辨认时,不能把该物证单独提供辨认,而应夹杂在若干特征相似的同类物中进行辨认,对于当事人等在辨认物证中提出的问题和意见,应结合发现和搜集物证的情况进行分析研究。

2. 通过鉴定进行判断

有此物品和痕迹,究竟是否与所调查的事故有关,只进行一般观察还难以查清。比如船壳上擦碰痕迹、黏连的油漆片等,都需要由鉴定人进行科学鉴定,以确定这些擦碰痕迹是不是船舶碰撞造成的;这些油漆片的层次、颜色和化学成分与另一艘碰撞船舶的油漆是否相同。

3. 把物证和其他证据对照分析

如果物证是确实的,它就与其他证据一致。如果物证有问题,就不可避免地与其他证据发生矛盾。对于这些矛盾,进行全面细致的分析,并通过进一步查证,确定究竟是其他证据有问题,还是这些物证本身不可靠。对于存在的矛盾和疑点,要通过进一步取证和研究来解决。

第六节 检验与鉴定意见

一、检验与鉴定意见

海事的情况复杂多样,调查人员在查明事故真相的过程中要借助科学技术和特殊工艺进行检验,同时也需要各方协助做出技术鉴定。《海上交通事故调查处理条例》第九条规定:因海上交通事故致使船舶设施发生损害,船长、设施负责人应申请中国当地或船舶第一到达港地的检验部门进行检验或鉴定,并应将检验报告副本送交海事局备案。海事局亦可委托有关部门进行该项检验或鉴定,但其费用由船舶、设施所有人承担。若船舶、设施发生火灾、爆炸等事故,则船长、设施负责人则必须申请公安消防监督机关鉴定,并将鉴定书副本送交海事局备案。《特别重大事故调查程序暂行规定》亦规定,特大事故根据调查工作的需要,可以聘请有关专家进行技术鉴定与评估。因此,检验与鉴定意见是海事调查的重要证据之一。

检验和鉴定意见有两个基本特点:第一,它要求检验人仅叙述在检验和鉴定时所观察到的事实,而且还必须在这些事实的基础上提出鉴别和判断的结论。第二,它往往成为审查或鉴别其他证据的重要手段。如物证和文书资料的真伪,事故当事人和有关人的陈述的真实性,常常要结合检验来进行分析、研究、判断。

二、检验与鉴定人

检验或鉴定人员一般是指在国家船舶检验和公安消防鉴定部门等单位工作的专职检验或鉴定人员(如验船师、鉴定员等),他们受部门或单位的指导并指派进行检验或鉴定工作。检验或鉴定人员还可以是调查机关根据需要从各行各业中临时聘请的具有专门知识的非专职检验或鉴定人员(如航海专家、事故专家等)。以上人员必须具备以下两个条件:一是有解决事故中某些专门性问题的专门知识。这种专门知识可以是他们从学习和研究中所获得的,也可以是他们所从事职业中熟悉的。二是能够客观公正地进行检验和鉴定。凡是事故当事人的近亲属或与事故有利害关系或与事故当事人有其他关系而可能影响公正地检验或鉴定的,不得担任检验人或鉴定人。

为了顺利地进行检验或鉴定并正确地作出检验或鉴定结论性意见,检验或鉴定人员有权了解为检验或鉴定所必需的事故调查材料,如检核和勘验笔录等,必要时可要求参加现场勘验,询问事故当事人或有关人员。如果检验与鉴定人员不只一个人时,他们可以互相讨论,意见一致时,可共同写检验或鉴定结论;意见不一致时,每个人都有权写出自己的结论。因受专门知识的限制或因提供鉴定材料不足而不能做出鉴定结论时,可以拒绝做鉴定。检验鉴定人员应遵守检验与鉴定的有关规定,妥善保管提交鉴定的物品与材料,不得徇情、受贿或弄虚作假,否则应负法律责任。

三、检验与鉴定意见的审查判断

检验或鉴定工作完毕后应按规定的格式写出事实确切、结论明确并有科学根据的检验报告或鉴定书并签名或盖章。若检验或鉴定工作由国家检验部门和公安机关进行,则海事调查机关只要检验报告或鉴定书的副本。

检验或鉴定意见是检验或鉴定人员根据他们的专业知识,对事故中的某些专门性问题进行分析研究后做出的判断,在通常情况下是较为可信的。但是,由于有些提交检验或鉴定的专门性问题很复杂,检验或鉴定过程中又可能受到各种条件的影响,做出的检验或鉴定意见也可能不正确。因此,对这些意见也不应盲目相信,审查检验或鉴定意见时应注意以下几点:

(1) 检验或鉴定所根据的材料是否可靠和充分。

(2) 检验或鉴定人员所使用的设备是否完善,采用的方法和操作程序是否科学。

(3) 检验或鉴定工作是否仔细、认真,是否受到外界影响存在伪检验或鉴定的情况。有些检验或鉴定可说是一种科学研究活动。它的精确度要求很高,稍有疏忽就可能导致错误的结果。

(4) 检验或鉴定意见的根据是否充分,推断是否合理,根据与结论之间有无矛盾。

第七节　检核与勘验

一、检核与勘验记录

《海上交通事故调查处理条例》第十一条规定:海事局根据调查工作的需要,有权检验船舶、设施及有关设备的证书、人员证书和核实事故发生前船舶的适航状态、设施的技术状态;检查船舶、设施及其货物损害情况和人员伤亡情况;勘验事故现场等。《特别重大事故调查程序暂行规定》亦要求严格保护事故现场,进行事故现场勘验工作;若因抢救人员,防止事故扩大等原因需要现场物件的,应当做出标志,绘制现场简图并写出书面记录。上述检查各种证书及损害和伤亡情况的记录、核实适航状态和技术状态的记录、勘验事故现场的记录都是海事局在海事调查中发现事实真象和找到事故原因的重要证据。这类证据相当于法律诉讼中的勘验、检查笔录和现场笔录。

检核与勘验记录反映了发生事故船舶及其人员的基本状况,反映了事故造成的后果,还反映了各种痕迹、物品存在或形成的环境和相互关系,是具有综合证明作用的一种证据。进行现场勘验应按计划进行,明确勘验范围和顺序,静态和动态勘验相结合。检核与勘验记录必须如实反映检查、核定和勘验活动的过程,除用文字加以记载外,还可以进行照相、录像和绘图。现场照相必须反映现场的原始状态,现场图应当写明图的名称、图例及说明,并由绘图人签名。

二、检核和勘验记录的审查判断

检核和勘验记录是海事调查人员进行检查、核实和勘查活动的如实记载,这种证据较为可靠。但是,它也可能因为受到某些客观因素的影响而产生变化,所以同样需要进行审查判断。应分析研究记录的内容是否全面和准确,现场的重要情况有无漏记。还应注意审查记录中记载的现场、物品、痕迹等曾否被破坏或伪造。审查检核和勘验记录,要联系其他证据进行对照。如果发现矛盾,即应进一步调查。

第八节　海事调查中应获取的资料

海事种类繁多,各类事故中需要调查的范围广泛,为了能够使调查人员全面地收集各类资料,结合国际海事组织 A.849(20)号大会决议,海事调查规则的附录和国际海事组织 A.884(21)号大会决议的附录中对各类海事的调查提纲,以及具体海事调查实际,将海事调查中应获取的资料(不限于此)归纳如下:

一、所有事故调查中应获取的资料

1. 船舶资料

(1)船名、国际海事组织编号、国籍、登记港、呼号。

(2)船东或船舶经营人的名称和地址,如果是远洋船舶,船舶代理的名称和地址。

(3)船舶类型。

(4)租船人的名称和地址,租借方式。

(5)载重吨、总吨和净吨,船舶主要尺度。

(6)推进方式,主机资料。

(7)船舶建造厂、建造时间和地点。

(8)任何特殊结构。

(9)携带燃油的数量和油舱的位置。

(10)电台型号和厂家。

(11)雷达的数量、型号和厂家。

(12)陀螺罗经的型号和厂家。

(13)自动舵的型号和厂家。

(14)电子定位设备的型号和厂家。

(15)救生设备的检验日期和有效期。

2. 文书资料

(1)船舶登记证书。

(2)现行法定证书。

(3)船级社或检验部门的证书。

(4)官方日志。

(5)船员名单。

(6)船员适任证书。

(7)航海日志。

(8)港口日志、日志摘要和货物日志。

(9) 车钟记录簿。

(10) 轮机日志。

(11) 数据记录仪打印出的资料。

(12) 航向记录簿。

(13) 测深记录簿。

(14) 油类记录簿。

(15) 压载水测量记录簿。

(16) 夜航命令簿。

(17) 船长、大副常规命令簿。

(18) 公司常规命令和操作手册。

(19) 公司安全手册。

(20) 磁罗经误差记录簿。

(21) 雷达日志。

(22) 维修计划。

(23) 维修申请和批准的项目。

(24) 酒吧记录(每日消耗等)。

(25) 毒品和酒精检测记录簿。

(26) 旅客名单。

(27) 电台日志。

(28) 船舶报告记录簿。

(29) 航次计划。

(30) 海图和改正记录簿。

(31) 设备和机械的操作和维修手册。

(32) 其他与调查有关的文件。

3. 航次资料

(1) 航次开始和结束的港口和日期。

(2) 货物的详细情况。

(3) 上一挂靠港及离开的日期。

(4) 船舶吃水及横倾数据。

(5) 事故发生时船舶驶向的目的港。

(6) 本航次中是否发生其他事故或异常情况？是否与本事故有关？

(7) 船舶油污舱、燃油舱和货舱的平面图。

(8) 燃油、淡水和压载水及其消耗量。

4. 与事故有关的人员资料

(1) 姓名和年龄。

(2) 受伤情况。

(3) 对事故的描述。

(4) 监督人员的行为。

(5) 船上采取的急救和其他行动。

(6) 船上担任的职务。

(7) 适任证书级别、签发日期和机关。

(8) 所持有的其他证书。

(9) 在本船的工作时间。

(10) 类似船上的经历。

(11) 其他船上的经历。

(12) 现任职务的经历。

(13) 其他职务的经历。

(14) 发生事故当日和前日的工作时间。

(15) 事故前96小时内的睡眠时间及可能影响睡眠的其他因素。

(16) 是否吸烟？如吸烟，每天的数量。

(17) 通常的饮酒习惯。

(18) 事故前或事故前24小时内的饮酒量。

(19) 是否按医嘱服药？

(20) 是否没按医嘱注射任何药物？

(21) 毒品和酒精检测记录。

5. 海况、天气和潮汐资料

(1) 风级及风向。

(2) 浪和涌的级别和方向。

(3) 气象状况和能见度。

(4) 潮汐资料。

(5) 潮流和其他海流和流速、流向。

6. 事故资料

(1) 事故类型。

(2) 事故发生的时间、地点。

(3) 事故细节和事故发生前后的事件。

(4) 相关设备的运行细节。

(5) 驾驶台人员。

(6) 机舱人员。

(7) 船长、大副所在位置。

(8) 操舵方式。

(9)船舶与电台、搜救中心和交管中心的通信情况。

(10)伤亡情况。

(11)航行记录仪的资料。

7. 事故后的救助

(1)如果要求救助,采用的形式和方式。

(2)如果提供了救助,救助单位名称,救助性质、救助效果和胜任情况。

(3)如果提供了救助,但被拒绝,拒绝的原因。

8. 文件的证实

应要求船长证实所有的文件并签署所有的复印件。

9. 机舱命令

如果事故涉及主机的运转,调查人员应调查机舱是否迅速地执行了接受的命令?如有怀疑,在报告中应提及。

10. 外部信息来源

调查人员应借助外部的信息来源,如交管中心雷达和声音记录,岸基雷达和电台监督系统,海上搜救中心记录,法医和医疗记录。

二、各类事故应收集的资料

1. 火灾和爆炸

(1)船舶怎么得知火警?

(2)船员怎么得知火警?

(3)哪里开始起火?为什么起火?

(4)当时船上是否正在进行明火作业?

(5)船方马上采取了什么行动?

(6)灭火设备的状况、检验日期。

(7)火场附近可用灭火器的型号,船上可用灭火器的型号,使用了什么型号的灭火器?

(8)可用的消防水带和消防泵,使用的消防水带和消防泵。

(9)是否可以马上得到消防水?

(10)火场的通风装置是否关闭?

(11)起火材料的性质,火场周围材料的性质。

(12)火场周围舱壁的防火性能。

(13)由于烟、热、烟雾所造成的限制区域。

(14)通道是否畅通?通往消防设备的通道是否畅通?

(15)船员的演习的频次、内容和持续的时间记录,应急部署表的位置。

(16)岸上消防队反应。

(17)如果是货仓起火:

①舱内所载货物的名称和性质。是否有自燃或与别的货物反应燃烧的可能性？
②如果是装卸货期间,着火舱口是否有人看舱？船员、装卸工人是否遵守防火规定？
③船上是否有明显的禁止烟火的警示标志？
④航行期间,是否有人定期对货舱进行检查？是否进行记录？
⑤货舱是否按规定进行了通风？

(18)如果是机舱起火：
①燃油系统是否存在泄漏？
②机舱内是否存在可燃气体？
③高温处所是否有污油堆积？
④机舱污油物存放的位置。
⑤空油舱、柜的位置及其连通的场所。
⑥失火前机舱正在从事的工作。
⑦机电设备是否故障后起火,发生什么故障？

(19)如果居住区发现火灾：
①当时是否正在进行集体活动？
②居住区的取暖方式。
③发现火灾前是否正在做饭？
④生活电器(电热器、热水炉、洗衣机等)的型号、厂家和生产日期。
⑤船员中吸烟者起火前的位置及活动情况。

2. 碰撞

(1)碰撞水域、碰撞时船舶所使用的海图。

(2)当地航行的特殊规定。

(3)周围是否有妨碍操纵的物体？是否存在第三条船？是否处于浅水区？是否有立标、浮标？

(4)影响视听的环境(气象、海况和能见度)。

(5)干扰行动的可能性。

(6)对方船舶的船名、国际海事组织编号、国籍和其他资料。

(7)初次发现来船的时间,本船的船位、航向和航速及其确定的方法。

(8)本船碰撞前对航向、航速的改变。

(9)如果是肉眼发现来船,发现时间,来船的方位、距离、船首向和随后的任何变动。

(10)如果是雷达发现来船,观测时间,来船的方位、距离、随后的方位变化。

(11)如果进行了雷达标绘,用的什么方法？是否有复印件？

(12)检查设备的运行,查看航向记录仪。

(13)当时使用了哪些船舶配备的灯光、号型？对方船见到什么灯光或号型？

(14)本船使用了什么声响信号？本船听到了什么？

(15)如果船舶保持 VHF 守听,听到了什么信息?
(16)船上配备几部雷达?事故发生时有几部在使用?是什么距离档?
(17)操舵方式。
(18)瞭望情况(值班驾驶员、瞭望人员和驾驶台的其他人员)。
(19)驾驶台的每个人在碰撞前和碰撞当时正在从事的工作。
(20)两船哪一部位最先相碰?交角是多少?
(21)损失的性质和范围。
(22)机舱的值班人员及其碰撞前后正在从事的工作。
(23)机舱的值班人员,在碰撞前后对机器进行了什么操作?
(24)相碰后,两船是否按法定要求互通船名和国籍?
(25)相碰后的施救情况。

3. 搁浅
(1)航行计划的详细资料或有关航行计划的证据。
(2)最后一个准确船位怎样获得的?
(3)任何最后可能获得船位或船位线的机会,如果没有获得,为什么?
(4)当时天气、潮汐和海流情况。
(5)是否存在磁性物货、电子干扰或当地磁异常造成对罗经的影响?
(6)海图水深与世界测地系统的水深进行比较。
(7)正在使用雷达的距离档及工作记录簿。
(8)海图、航行指南是否进行改正?相关航行通告是否有相关的警告?
(9)是否进行测深?花费的时间是多少?选择哪些方法?
(10)船舶舱柜是否进行液位测量?
(11)怎么确定船舶搁浅前的吃水?
(12)怎么确定的搁浅位置?
(13)搁浅前船舶的主机、舵机是否有故障?
(14)是否备妥锚?
(15)船舶搁浅时谁在操纵船舶?
(16)最后交接班的时间及内容。
(17)搁浅后的船舶姿态及变化。
(18)船舶进水情况。
(19)船舶损失情况。
(20)搁浅所采取的行动及船舶的运动。

4. 沉没
(1)船舶离开上一港口时的吃水及干舷高度,随后由于物料和燃油消耗而造成的改变。
(2)干舷高度相对的载重线分区和日期。

(3) 论述船舶装货程序、船体应力。船体是否存在受损的情况？
(4) 对船体和设备发生改变的检验，如认可此改变，验船师的签字。
(5) 列出船舶状态中可能影响适航性的因素。
(6) 稳性资料及什么时间确定的？
(7) 影响稳性的因素，货物情况及货物的装载、绑扎等情况。
(8) 水密舱壁的划分。
(9) 各种开口的位置和水密性。
(10) 船体的水密性，船舶舱柜液位测量的时间及记录。
(11) 水泵的数量、容量、有效性和吸口的位置。
(12) 船舶首次进水的原因和特性。
(13) 引起沉没的其他情况。
(14) 防止沉没采取的措施。
(15) 船舶沉没的位置及确定方法。
(16) 救生设备的使用情况。

第七章　海事分析

海事调查最终的目的是为了海上安全。什么是安全？俗语云"无危则安，无缺则全"。第一，安全是指客观事物的危险程度能够为人们普遍接受的状态。第二，安全是指没有引起死亡、伤害、职业病或财产、设备损坏或环境危害的条件(此定义来自美国军用标准 MIL - STD - 882《系统安全大纲要求》)。第三，安全是指不因人机媒介的相互作用而导致系统损失、人员伤害、任务受影响或造成时间的损失。

总之，安全是指生产过程中不发生导致伤亡和财产损失、职业病、中毒等现象，生产秩序稳定，生产持续正常运行的状态。

事故是人(个人或集体)在为实现某种意图而进行的活动过程中，突然发生的、违反人的意志的、迫使活动暂时或永久停止的事件，具有以下特性：

1. 事故的因果性

事故的因果性是指一切事故的发生都是有原因的，这些原因就是潜伏的危险因素。这些危险因素有来自人的不安全行为和管理缺陷，也有来自物和环境的不安全状态。这些危险因素在一定的时间和空间内相互作用就会导致系统的隐患、偏差、故障、失效，以致发生事故。

因果关系表现为继承性，即前面的结果可能是后面的原因。事故的因果性是多层次的，绝不是某一个原因就可能造成事故，而是诸多不利因素相互作用促成的。因此，不能把事故原因归结为一时或一事，而应对所有的潜在因素(包括直接原因、间接原因和更深层次的原因)都进行分析。

2. 随机性、必然性和规律性

事故的随机性是指事故的发生是偶然的。同样的前因事件随时间的进程导致的后果不一定完全相同。但是在偶然的事故中孕育着必然性，必然性通过偶然性事件表现出来。

事故的随机性说明事故发生服从于统计规律，可用数理统计的方法对事故进行分析，从中找出事故发生、发展的规律，为事故预防提供依据。

3. 潜伏性

事故的潜伏性是指事故在尚未发生或还没造成后果之时，各种事故征兆是被掩盖的。系统似乎处于"正常"状态。

事故的潜伏性使人们认识事故、了解事故发生的可能性及预防事故成为一件非常困难的事情。这就要求人们珍惜从已发生事故中获取的经验教训，不断探索和总结，消除盲目性和麻痹思想，常备不懈，始终将安全放在第一位，做好事故的预防工作。

海事调查最终目的为了海上安全。要使海事调查为安全服务，就必须查清海事发生的原因,这样才能采取有效的安全措施,因此,海事调查的基本任务就是查明海事发生的原因。

第一节 事故原因的分类

为了很好地认识海事的原因,并且抓住海事原因的关键方面,有重点地提出预防海事再次发生的各种安全建议,有必要对事故原因在性质上进行分类。

一、按事故的致因层次分类

按事故的致因层次,事故原因分为直接原因、间接原因和基础原因,如表7-1所示。

1. 直接原因

人的不安全行为和机械、物体和环境的不安全状态。

(1) 不安全行为

操作失误、忽视安全、忽视警告;造成安全装置失效;使用不安全设备;以手代替工具操作;物体存放不当;冒险进入危险场所;攀、坐不安全装置;在起吊物下作业;机械运转时加油、修理、检查、调整、焊接、清扫等工作;分散注意力;未用个人防护用品;不安全装束;对易燃、易爆物处理不当。

(2) 不安全状态

防护、保险、信号等装置缺乏或有缺陷;设备、设施、工具、附件有缺陷;个人防护品用具、安全帽、安全鞋等缺少或有缺陷;生产场地环境不良。

表7-1 事故原因关系图

社会因素	管理因素			现场因素	偶然事件	海事	防护	损害
	行业管理	公司管理		船舶管理				
		领导决策	安全管理人员					
经济文化教育习惯历史法律	行业法规 监督管理 行业教育	政策目标 责任职责 注意权限	行为责任权威指导 主动性 积极性	行为责任监督指导权威态度	不安全环境 不安全状态 不安全行为	起因物 肇事人	海事	不足或失效	人或物
基础原因	间接原因			直接原因	事故经过	事故现象	防护	损害

2. 间接原因

(1) 技术和设计上有缺陷,如工业构件、建筑物、机械设备、仪器仪表、工艺过程、操作方法,维修检验等设计、施工和材料使用存在问题。

(2)教育培训不够、未经培训、缺乏或不懂安全操作技术知识。
(3)劳动组织不合理。
(4)对现场工作缺乏检查或指导性错误。
(5)没有安全操作规程或操作规程不健全。
(6)没有或不认真实施事故防范措施,对事故隐患整改不力。

3. 基础原因

基础原因包括社会的经济、文化、教育、习惯、历史、法律等。

二、按原因表现形式分类

1. 条件和原因

条件是指影响事物发生、存在或发展的因素。原因是指造成某种结果或引起另一件事情发生的条件。从概念上分析,条件是个大范围,它包括原因;而原因是个小范畴,它属于条件中的一个种类。有人认为,如果没有前因就没有后果,故一切条件都是原因的条件,对因果关系的这种认识是范围很宽的。也有人认为,并非一切条件都是原因,而是对结果的发生有重要影响的条件才是原因,对因果关系的这种认识是范围比较窄的。就预防海事、保障海上安全的根本目标而言,在分析海事时,首先要抓住事故的原因,其次要了解事故的条件,以便全面地杜绝海事的隐患和苗头。

2. 直接原因和间接原因

直接原因是指事故原因中不经过中间事物而起作用的原因,而间接原因是指事故原因中经过中间事物才起作用的原因。这里所说的中间事物也是属于或构成事故原因的事故。直接原因和间接原因的相互关系近似于原因和条件的相互关系。有人将排在事故链上的原因统称为直接原因,而将事故链外的原因统称为间接原因。需要注意,直接或间接不是指构成事故原因的事物或事件在空间或时间上与事故相接近的远近,而是指该事物或事件在对事故发生上起作用的大小和强弱。

3. 主管原因和客观原因

主观原因是指人的自我意识方面的原因,客观原因是指人的意识之外不依赖意识而存在的原因。主观原因与客观原因是从人的因素和外界因素两方面探索事故发生规律而提出的。从系统论的观点出发,主观原因可称为人为的原因,而客观原因则包括船舶原因和环境原因。

4. 主要原因和次要原因

主要原因是指导致海事发生的数个原因中最重要的原因,而次要原因是指这数个原因中次重要的原因。区分主要原因和次要原因不仅有利于掌握吸取教训的重点,确定事故引起的法律责任的大小,而且有利于抓住防范事故的关键。就辩证唯物主义的观点看,在复杂事物、系统的发展过程中,有许多矛盾同时存在、相互交织着,构成一个复杂的矛盾体系。在这个体系中,这些矛盾互相作用、互相制约,形成一种合力,推动着事物、系统的发展。但是,它们的地位和作用是各不相同的,其中有一种主要矛盾,居于支配地位,起着主导的、决定的作用,其余的矛盾则属于非主要矛盾,处于次要的、从属的地位。因此,必须集中力量抓住主要矛盾。主要矛盾解决了,其他矛盾就比较容易解决。同理,每一矛盾的两个方面必有一方居于支配地位,起着主导作用,成为主要矛盾方面;另一方则处于被支配地位、起着次要的作用,成为非主要的矛盾方面。因此,必须抓住主要矛盾方面,抓住本质和主流,反对不分主次的均衡论,这一哲学观点是指导我们分析海事原因的有力工具。

5. 最终原因和近因

Immediate cause 和 Proximate cause 是英、美等西方国家法律著作中关于因果关系学说中采用的基本概念。前者亦被译成直接原因或近因,后者亦被译成直接原因或主要原因。事实上,国外对两者的定义或解释亦有一些出入。一般来说 Immediate cause 被认为是原因链上的最后一个原因链环,无须其他原因介入而直接产生事件的结果。在导致事件结果的诸原因中,它在时间和空间上是与事件结果最接近的原因,因此本书将其译为最终原因。Proximate casue 在国外法律词典上解释为 Dominant cause(主要原因,属有支配地位的原因)或 Efficient cause(直接生效的原因,有能力的原因),它被认为是在导致事件结果的性质上或作用上与事件结果最接近,尽管它在时间和空间上并不与事件结果最接近,没有它,事件结果不会发生,因此,本书将其译为近因,以与最终原因相区别。在这一个事件的原因链中,可能会有两三个 Proximate cause,但只有一个 Immediate cause。国外常用下例说明两者的区别:一个醉汉坠入水中淹死,喝醉酒是其死亡的 Proximate cause(近因或主要原因),而溺水窒息则是其死亡的 immediate cause(最终原因或直接原因)。

6. 原因和可能的原因

原因与可能的原因这一对术语是从证据学角度来说明事故原因的。通过事故调查所获得的充分而直接的证据确定出的原因称为事故的原因;而凭借不太充分或间接的证据加以分析判断或推断出的原因称为事故的可能原因。两者的区别可用下例说明:在法律上船舶发生海事后,没有找到遇难者遗体的只能认为其失踪。以当时不存在其被救助的可能性,如当时海水温度很低,人落水几小时就不能生存等分析来认定遇难者死亡是不充分的。虽然事故后某人下落不明满两年,可申请人民法院宣告其死亡,但这种宣告的死亡与上述的死亡在性质或概念上是不相同的。尽管从哲学上来说,万事有因,但从实际情况来看,由于种种条件限制或工作中的失误,很可能搜集不到或者没搜集到充分的、直接的证据来证实某起海事的原因,而只能用不充分的、间接的证据来推断这起海事的原因。然而,这一推断出的原因严格来说,不能称为事故的原因,而只能称为事故的可能原因。从安全管理的角度看,应该这样做,以便尽可能很好地从事故中吸取教训并提出防范措施。然而,在确定当事人的违法责任时,推断出事故的可能原因都不能构成行政、民事或刑事法律责任的成立,因为"以事实为根据"是社会主义法制的基本原则。

除了上述事故原因分类外,在国内外海事案例分析中,常常见到所谓根本原因、基本原因、重要原因、首要原因、决定性原因等提法。实际上这些提法大都可以归类于上述的主要原因、直接原因或近因中去。然而,出现这些提法的本身表示出人们在海事原因分析中强调要掌握抓主要矛盾的主要方面的基本原则。

第二节　海事原因分析方法

分析思路、思维方法的正确与否关系到海事调查的工作效率和结果。以下为海事原因分析思维方法的几点建议。

1. 海事证据分析

海事真相是由全部或主要的海事案件事实构成。对构成案件事实的各类证据进行分析判断,以便推导出案件原因,就成了调查分析的第一步工作。证据分析总的要求是:在掌握大量证据、材料的基础上,进行去粗取精、去伪存真,由此及彼、由表及里的处理,找出与案件有必然联系的主、客观因素,一切让事实说话,让证据展现真相。证据要分类、分层次,铁证如山的证据、经过科学鉴定的证据应成为鉴别其他证据的基础性证据。有时,由于情况的特殊,有的证据是无法收集到的,但可以根据铁证如山、经过科学鉴定的证据,运用正确的逻辑推理推导出其他证据的真伪。

2. 坚持系统综合分析法

海损事故原因可分为海况环境原因、船舶原因、船员原因和管理原因。如果把海损事故原因作为一个大系统,则每种原因就成了大系统中的子系统,每个子系统又可分为子子系统。在对事故原因分析中,我们应从大系统着眼,从子系统着手,在把握住大系统的情况下,对每个子系统内的各种因素进行仔细分析,找出与事故有联系的各种原因,然后在分析的基础上进行综合,找出各种原因的内部联系,分清主次、轻重、本质和现象,客观原因和主观原因,直接原因和间接原因。经过长期的海事分析得出的结论是:

(1) 人的因素是事故发生的直接原因。

(2) 环境原因是事故发生的客观原因。

(3) 船舶技术情况是事故发生的基本原因。

(4) 管理是事故发生的间接原因,也是事故发生的本质原因。

目前,对于海事的发生,对于人的因素分析较多,忽视生产单位在管理方面的过失。如船舶内部管理混乱,船况不能满足正常操纵和航行安全需要,人际关系生存环境恶劣,导致船员生理、心理异常,操作互不协调,船东或经营管理人对其船舶航行放弃法律责任和义务等。

3. 善于运用逻辑推理

逻辑推理要成立,一是认定的行为依据或理由必须是充分的、无可辩驳的;二是所依据的理由与推断结论之间有必然的逻辑联系;三是推理方法应正确。在海事分析当中,我们应把形式逻辑与辨证逻辑结合起来,把逻辑推理与实证结合起来,以事实证据为主,避免只重视推理而忽视事实证据的做法。

4. 善于运用量变、质变的方法分析海事

事故是存在于特定系统中的危险，在该系统各因素变化过程中，由于某种原因的突发变故，而导致危险或损害的局面。典型的量质互变现象有：

(1) 多数因素正常相安无事，某一因素突发变故而引起事故。

(2) 特定环境中，许多因素处于危险或危险边缘，惟某一因素稳定，事故终究未发生。

(3) 事故是隐患在时间的流动与另一些隐患因素碰触交汇时方致产生。必然常常是通过偶然时机的爆发，暂没有时机则隐患持续，事故延缓。这些事实告诉我们，量变可能导致质变，但不一定会导致质变。质变必须经过量变阶段，没有量变就没有质变。

5. 用联系的观点分析海事原因

事故原因的联系性告诉我们，在分析海事原因时，我们应用联系的观点分析问题，找出各种原因、事故与其他原因之间相互影响、相互制约、相互依赖、相互渗透的内在联系。只有这样，才能准确把握海事发生的真相，把握海事发生的本质和规律，同时，我们应学抓主要矛盾和矛盾主要方面的方法，分清主要原因和次要原因，主要责任和次要责任，为海事调解、裁定提供依据。

6. 善于运用分析、综合、归纳方法

应学会多种现代化分析方法。诸如：事故定量分析法、概率优化分析法、排列比较法、模糊分析法、事件原因链等多种方法，同时，充分发挥计算机在事故分析中的作用。

第三节 海事原因分析

为了做好海事事故原因的分析，首先要清楚事故分析包含两层含义：第一，是指对所有或某类海事这一整体的原因分析，采用的方法一般是数理统计。第二，是对每一起具体海事的原因作出分析，采用的方法一般是逻辑推理。

海事原因分析是运用逻辑和推理，在事实与结论之间建立联系，探求事故为什么会发生及其发展过程，即根据调查的事故事实，重现事故的发生、发展与结果，从中找出事故发生的各种原因。事故原因的具体分析方法很多，不同的事故、不同的调查人员，可能所使用的分析方法看起来千差万别。但基本上讲，原因分析的方法和程序都是大致相同的，都是综合调查的结果，从系统整体分析出事故的原因。

一、事故事实认定

海事发生后，调查人员通过船长的"海上交通事故报告"、询问有关人员、现场勘查、获取 VTS/AIS 等证据进行调查，会得到大量的各类信息，有些信息可能相互矛盾或者是错误的。调查人员首先不是确定失误，而是应始终牢记海事调查的首要任务就是确认事故事实。

(1)确定事故发生时正在从事的工作、进行的活动。
(2)亲自进行事故场景的排演。
(3)处理与其他证据有矛盾的"事实"。
(4)通过询问确认事实。
(5)测试、检查有关部件,确定故障模式和物证。
(6)回顾规则、程序和工作记录,确定符合或执行程度。

事故事实不是假定、主张、分析或推断,有时不可能完全确定所有事实,就必须提出假设,无法证实的假设在事故调查报告中需要注明。

事故事实确认后,通过组织这些事实和证据,就能按时间顺序建立导致事故的事件描述,即建立事故事件链。事故的事实是事故调查的基础,通过详细分析能够帮助调查人员确定事故发生的原因因素。

二、事故原因分析

任何事故原因分析方法都是为了确定事故是怎么发生的,调查人员可以使用任何能够帮助他确定事故原因因素的方法。有很多根据事实信息分析原因因素的方法,以事故事件链分析法和根本原因分析法为例介绍事故原因分析。

1. 事故事件链分析法

(1)建立事故事件链

如图7-1所示,建立事故的事件链,汇总所有调查材料,通过对材料的审查、判断及分析,筛选出能反映事故事实的资料。运用这些材料描述事故发生的背景、发展过程和造成的后果——事故的事件链。

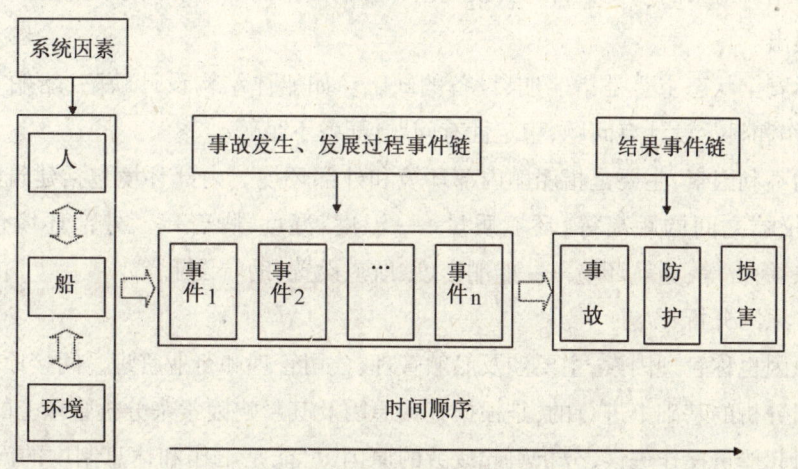

图7-1 事故的事件链示意图

具体的讲,事故链对事故的描述至少应包括如下内容:
①人员方面。
②船舶方面。

③环境方面。
④安全防护方面。
⑤事故及其结果。

(2) 查明事故的原因

①直接原因分析

事故事件链建立后,就能清楚地认识事故发生、发展的过程,以及在这个过程中的所有事件。对这些事件进行分析,找出事故发生的原因。事件链中的所有事件不可能都是事故发生的原因,只有在事故萌生期、发展期、形成期或整个事故过程中对事故起促进作用的各种事件,才是事故发生的原因。这些原因可能是人、物或环境等因素,也可能是各种原因相互作用的结果。由于事件链的各种事件都是事故发生过程中事故现场发生的事件,因此根据事件链分析出的原因,按综合论致因模型,属于直接原因(现场因素)。

直接原因包括现场因素的各个方面,划分为:人的不安全行为、物的不安全状态和环境的不利因素。

人的不安全行为是现场指挥人员、操作人员的过失。如操作过失、资源(程序、规则)和设备使用不当、指挥人员错误决策、船员应急反应问题等。确定人的不安全行为后,还要分析其失误的类型,如操反舵,是无意行为,属于过失,是注意力方面的问题,是基于技能的失误。

接着还要分析人的不安全行为产生的人自身因素和现场影响因素。如操作过失,可能是由于人的生理因素——疲劳、饮酒、生病等造成的;也可能是心理因素——工作压力过大、受到强烈刺激、人际关系、性格等造成的;还可能是技术水平、环境等造成的;有时是几种因素的共同作用。对人的不安全行为失误类型和影响因素的分析有助于间接原因的分析和安全建议的提出。

物的不安全状态主要是指船舶、设备的缺陷。如船体结构设计缺陷、船舶布置不合理等;设备操作和显示设计有问题、稳定性有问题、配备不足等。

环境的不利因素,主要是指船舶内部环境和外部环境。内部环境包括建筑学特征——空间大小、仪器之间的距离等;环境质量——温度、湿度、噪音等。外部环境包括自然环境——气象、海况等;通航环境——船舶密度、航道设置、助航设施等。

②间接原因分析

间接原因也称管理因素,主要涉及船舶管理、公司管理和行业管理。间接原因的分析是在直接原因分析的基础上进行的,是根据直接原因及其影响因素来分析管理上的不足。如:由于疲劳引起船员操作失误,分析引起疲劳的原因,可能是工作和休息制度的问题、船上组织问题、船舶配员问题、航次安排问题、工作生活环境问题或船员本身没按规定休息等。再如设备缺陷,可能是没按规定进行维修保养、无维修保养规定、使用不当或培训问题、设备设计制造的问题等。间接原因主要包括如下几个方面:

a. 船舶管理

船舶管理主要分析如下缺陷。船舶遵守安全公约、法规和公司规定情况,船舶船长、部门长和船员的安全意识、态度,船舶工作、安全规范、规程的执行和监督情况,船长、部门长的行为、权威和监督指导责任的履行等。

b. 公司管理

公司管理主要包括三个方面:一是公司决策层对安全的态度、目标和政策;二是公司安全管理人员的行为及其权威性,工作的责任感、主动性和积极性,以及对船舶安全工作的指导和监督;三是公司制定的安全政策、规程、监督程序是否符合公约、法规的规定等。

c. 行业管理

行业管理主要分析行业的安全工作和基础建设对安全的不利影响。主要包括:安全政策、行业法规、行业监督管理和行业教育培训等问题;安全信息的交流、通航水域的规划、海上救助系统的建设和运行等问题;行业产品的设计、制造等问题。

③基础原因分析

基础原因主要分析社会的经济、文化、教育、习惯、历史、法律等对安全的不利影响。

2. 根本原因分析法

(1)概念

根本原因分析(RCA)英文全称是 Root Cause Analysis,它是一项结构化的问题处理法,用以逐步找出问题的根本原因并加以解决,而不是仅仅关注问题的表征。

根本原因分析是一个系统化的问题处理过程,包括确定和分析问题原因,找出问题解决办法,并制定问题预防措施。在组织管理领域内,根本原因分析能够帮助利益相关者发现组织问题的症结,并找出根本性的解决方案。

(2)具体应用

组织的多数疑难杂症都有不止于一种应对之法,这些各不相同的解决之法,对于组织来说亦有不同程度的资源需求。因为这种关联性的存在就需要有一种最为有利的方案,能够快速妥善地解决问题。

因此,只顾解决表面原因、而不管根本原因的解决之法成为一种普遍现象,就不足为怪了。然而,选择这种急功近利的问题解决办法,治标不治本,问题免不了要复发,其结果是组织不得不一而再、再而三地重复应对同一个问题。可以想象,这些方法的累积成本肯定是惊人的。

根本原因分析法的目标是找出:

①问题(发生了什么)。

②原因(为什么发生)。

③措施(什么办法能够阻止问题再次发生)。

所谓根本原因,就是导致我们所关注的问题发生的最基本的原因。因为引起问题的原因通常有很多,物理条件、人为因素、系统行为或者流程因素等,通过科学分析,有可能发现不止一个根本性原因。

(3) 分析步骤

根本原因分析法最常见的一项内容是,提问为什么会发生当前情况,并对可能的答案进行记录。然而,再逐一对每个答案问一个为什么,并记录下原因。根本原因分析法的目的就是要努力找出问题的作用因素,并对所有的原因进行分析。这种方法通过反复问一个为什么,能够把问题逐渐引向深入,直到你发现根本原因。

找到根本原因后,就要进行下一个步骤:评估改变根本原因的最佳方法,从而从根本上解决问题。这是另一个独立的过程,一般被称之为改正和预防。当我们在寻找根本原因的时候,必须要记住对每一个业已找出的原因也要进行评估,给出改正的办法,因为这样做也将有助于整体改善和提高。

根本原因分析作为一个一般性的术语,存在着一系列不尽相同的结构化的具体方法,用于解决具体的组织问题。

第八章 海事统计分析

海事统计分析工作是海上安全管理的基础工作,对海上安全和海上安全管理有着非常重要的意义。通过统计分析,可以认识我国海域、本系统以及某辖区海上安全情况,发现我国海域、本系统和某辖区发生海事的规律,安全管理的缺陷,能够有的放矢的采取安全管理和技术保障措施,增进海上安全。

国际航运界非常重视海事统计分析的工作,国际海事组织每年都对全球海上事故进行统计分析,以便认识全球海事发生的规律。国际劳工组织1970年《防止事故(船员)公约》(第134号)中就要求各国主管当局对职业性事故进行统计分析。我国政府也非常重视事故的统计分析工作。《中华人民共和国安全生产法》就要求县级以上地方政府负责安全生产的监督管理的部门,定期统计分析本行政区域发生的生产安全事故,并定期向社会公布。交通运输部《水上交通事故统计办法》专门规定了水上交通事故的统计事宜。

第一节 海事统计分析概述

统计是研究从观测样本中得到的数据资料的理论原则和方法,它研究和比较造成现象变化的根源,以便做出对研究的对象之间的假设关系进行取舍的决断,并根据观测做出可靠的判断。海事统计分析就是运用数理统计的方法,通过合理的收集与海事有关的资料、数据,对大量重复现象的数字特征进行分析、处理和推断,从而研究海事的发生规律,为明确海上安全工作的方向提供依据。海事统计分析在海上安全工作中有以下几个方面的重要作用:

(1)可以用以描述一个企业、部门或水域的安全状况。
(2)可以用以作为研究海事发展趋势的依据。
(3)可以用以判断和确定海事发生的范围。
(4)可以用以作为探求海事原因的依据。
(5)可以用以作为制定海上安全管理措施的依据。
(6)可以用以预测未来海事的依据。

早在20世纪30年代美国的安全工程师海因里希便运用事故统计分析,在对大量的事故数据统计分析的基础上,提出了同一个人发生事故的伤害轻重比例的法则,即著名的1∶29∶300法则。这一法则的重要性不在于比例数的精准,而是说明了事故发生的次数与伤害程度之间的随机关系,即每发生一起严重伤害事故就要有大量的无伤害事故或者轻微伤害事故的存在。因此,防止个人重复发生类似事故是防止严重伤害事故的关键。这一统计分析结果为我们提供了安全工作的方向和依据。

为了便于理解,以下应用具体的例子对事故的统计概念加以说明。如表 8-1 所示列出了我国某省五年内各月份事故的次数,如表 8-2 所示事故的统计参数。

表 8-1 某港口五年内各类事故的次数

月份 年份	一	二	三	四	五	六	七	八	九	十	十一	十二	合计
2001	8	5	12	12	7	5	7	3	7	5	7	7	85
2002	11	5	7	7	3	4	3	4	4	1	5	4	58
2003	4	1	4	1	7	2	3	3	2	2	1	4	34
2004	1	1	3	4	3	3	3	2	2	2	3	3	29
2005	5	2	3	3	0	8	0	1	5	2	1	7	37
合计	29	14	29	27	20	22	16	13	19	12	17	25	243

表 8-2 事故的统计参数

一个月内事故发生的次数 (i)	事故频数 (n_i)	累计频数 ($N_i = \sum_{j=0}^{i} n_j$)	事故频率 ($f_i = \dfrac{n_i}{N_{\geq 10}}$)	累计频率 ($F_i = \sum_{j=0}^{i} f_j$)
0	2	2	0.033	0.033
1	9	11	0.150	0.183
2	7	18	0.117	0.300
3	13	31	0.217	0.517
4	8	39	0.133	0.650
5	7	46	0.117	0.767
6	0	46	0.000	0.767
7	9	55	0.150	0.917
8	2	57	0.033	0.950
9	0	57	0.000	0.950
10	3	60	0.050	1.000

事故频数,是指在规定的统计范围内某种事故出现的次数,在本例中是指全年发生 i 次事故的月数,事故频数分布如图 8-1 所示。在某一定值下事故的频数之和称为累计事故频率,事故频数的累计分布如图 8-2。

事故频率是指事故频数与被测的所有事故次数之比。在某规定值以下某种事故频率之和称为累计频率。同样,事故频率和累计频率也可以绘成直方图。

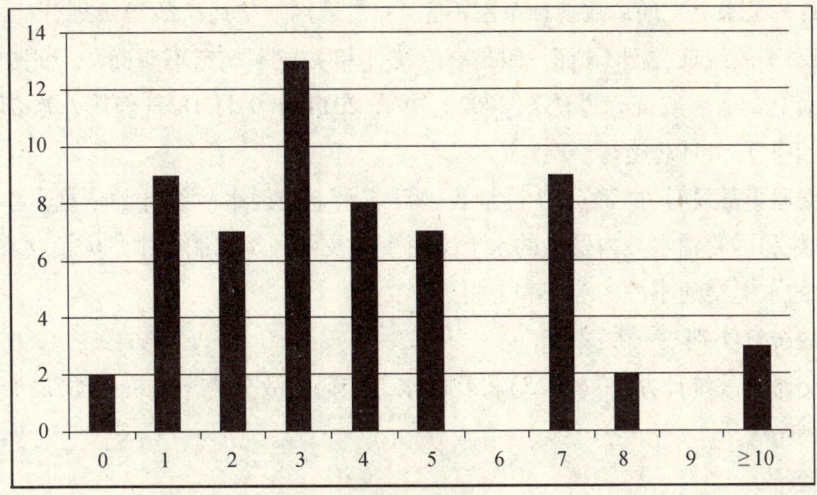

图 8-1 事故频数分布图

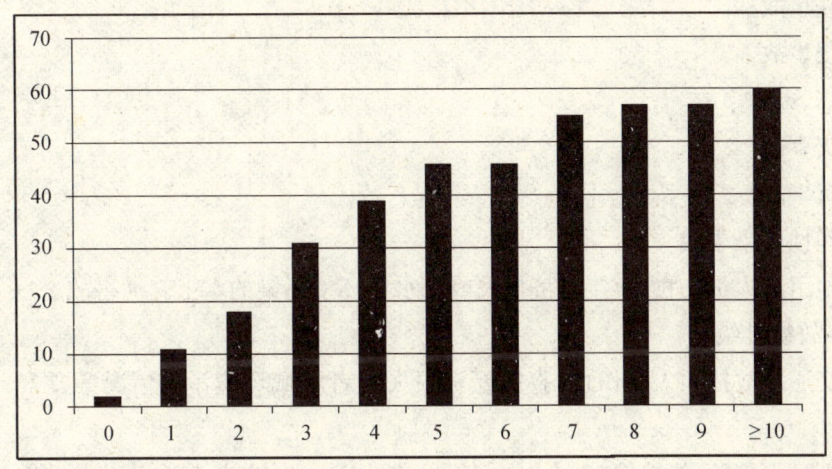

图 8-2 累计事故频数图

事故分布是指事故频数(或频率)在一定时间内的分布状况。因为事故的发生是一种随机现象,所以事故的分布应符合于某种概率分布规律,如泊松分布、二项式分布、正态分布等。

我国一贯重视水上交通事故的统计工作,早在 1990 年 8 月 1 日就实施了《船舶交通事故统计规则》。为了适应水运事业和水上安全管理发展的需要,准确及时地统计水上交通事故,分析我国水上交通事故发生的规律,为水上安全管理提供依据,交通部依据《中华人民共和国统计法》、《中华人民共和国海上交通安全法》和《中华人民共和国内河交通安全管理条例》等法律法规,制定《水上交通事故统计办法》,已于 2002 年 10 月 1 日实施。

《水上交通事故统计办法》(2002)施行以来,对规范水上交通事故统计和上报工作发挥了积极作用。但是,随着《生产安全事故报告和调查处理条例》和《防治船舶污染海洋环境管理条例》等法律法规相继出台,其已不能满足水上交通事故统计工作的需要。主要表现在四个方面:一是水上交通事故统计范围不完整;二是水上交通事故等级划分标准不同步;三是水上交通事故统计类型不全面;四是事故统计相关技术规定不明确。为此交通运输部组织修订《水上交通事故统计办法》(2002),并在 2014 年 9 月 18 日经第八次部务会议通过,自 2015 年 1 月 1 日起施行。

《水上交通事故统计办法》(2015)是我国目前水上交通事故统计的依据。本办法适用于中华人民共和国管辖水域内发生的水上交通事故及中国籍船舶在中华人民共和国管辖水域以外发生的水上交通事故的统计和上报。

(1)事故统计类别

《水上交通事故统计办法》(2015)将我国水上交通事故分为十个统计类别:

①碰撞事故。

②搁浅事故。

③触礁事故。

④触碰事故。

⑤浪损事故。

⑥火灾、爆炸事故。

⑦风灾事故。

⑧自沉事故。

⑨操作性污染事故。

⑩其他引起人员伤亡、直接经济损失或者水域环境污染的水上交通事故。

(2)事故统计级别

水上交通事故按照人员伤亡、直接经济损失或者水域环境污染情况等要素,分为以下等级:

①特别重大事故,指造成 30 人以上死亡(含失踪)的,或者 100 人以上重伤的,或者船舶溢油 1 000 吨以上致水域污染的,或者 1 亿元以上直接经济损失的事故。

②重大事故,指造成 10 人以上 30 人以下死亡(含失踪)的,或者 50 人以上 100 人以下重伤的,或者船舶溢油 500 吨以上 1 000 吨以下致水域污染的,或者 5 000 万元以上 1 亿元以下直接经济损失的事故。

③较大事故,指造成 3 人以上 10 人以下死亡(含失踪)的,或者 10 人以上 50 人以下重伤的,或者船舶溢油 100 吨以上 500 吨以下致水域污染的,或者 1 000 万元以上 5 000 万元以下直接经济损失的事故。

④一般事故,指造成 1 人以上 3 人以下死亡(含失踪)的,或者 1 人以上 10 人以下重伤的,或者船舶溢油 1 吨以上 100 吨以下致水域污染的,或者 100 万元以上 1 000 万元以下直接经济损失的事故。

⑤小事故,指未达到一般事故等级的事故。

(3)事故统计项目

根据《水上交通事故统计办法》(2015)的规定,事故统计项目分为下面几项:
① 受伤人数。
② 死亡(含失踪)人数。
③ 船舶溢油数量。
④ 直接经济损失。
⑤ 船舶沉没或全损数。
⑥ 各类事故的绝对数。
⑦ 除原油、成品油以外的其他污染危害性物质种类及数量。

根据《水上交通事故统计办法》(2015)的规定,交通运输部主管全国水上交通事故的统计管理工作,县级以上地方人民政府交通运输主管部门主管本行政区域内登记注册的水路运输经营者所属船舶发生的水上交通事故的统计工作。交通运输部在中央管理水域设立的直属海事管理机构和省、自治区、直辖市人民政府在中央管理水域以外的其他水域设立的海事管理机构依照职责分工负责辖区内发生的水上交通事故的统计工作。直属海事管理机构负责中国籍船舶在中华人民共和国管辖水域以外发生的水上交通事故的统计工作。

县级以上地方人民政府交通运输主管部门、海事管理机构及航运企业、船舶应当遵守统计法律、行政法规和本办法,健全和落实水上交通事故统计工作责任制度,如实提供水上交通事故统计资料,准确、及时地完成水上交通事故统计工作,水上交通事故统计资料应当按照信息公开的相关规定予以公布。

需要注意的是,在海事统计分析中应注意以下问题:

1. 坚持实事求是的原则

实事求是是一切工作的基本原则和出发点,海事的统计分析更是如此。发生事故后,必须按规定,根据事故的事实资料,对其性质、类别、原因等做出科学的判断。只有如此才能反映客观实际。

2. 保证足够的样本容量

事故的发生是一种随机现象。根据概率统计规律,只有样本容量足够大时,随机现象出现的频率才趋于稳定。样本容量越小,记录观测数据量越少,随机波动越强烈,统计结果的可靠性越差。

3. 合理的扩大样本容量

在应用统计分析的方法研究海事发生规律和利用事故统计指标评价部门的安全状况时,为获得可靠的统计结果,应该设法增加样本的容量。

第二节　海事统计分析的数学原理

海事统计分析的基础就是概率论和数理统计,下面结合事故统计的特点加以说明。

一、随机现象及其概率

海事的发生是一种随机现象。随机现象的表现是在一定条件下可能发生也可能不发生,在个别实验观测中呈现出不确定性,但是在大量的重复试验观测中又具有规律性。

在概率和数理统计中,通过随机变量来描述随机现象。与人们通常接触的函数变量不同,随机变量不能适当地用一个数值来表述,必须用实际数字的系统来描述。由于实际系统分布不同,随机变量分为离散型和连续型。在研究事故统计规律时,需要恰当地确定随机变量的类型。离散型随机变量和连续型随机变量之间没有严格的界限,如果某类事故发生的数量变大,分布就会由离散型变成连续型分布了。

我们将某一随机现象在统计范围内出现的次数称为频数。频数除以时间的总数则为概率。概率在统计中具有重要意义,它在一定程度上反映了随机现象发生的可能性。但是它也有缺点,当观测次数少时它有随机波动性。随着观测次数的增加,频率逐渐稳定于某个常数。我们称此常数为概率,它是随机现象发生可能性大小的度量。实际工作中,当观测次数很大时可用频率代替概率。

二、事故的统计分布

在事故统计分析中,经常会遇到如下一些统计分布规律。

1. 均匀分布

对于连续型随机变量,当其事故概率的密度函数具有下述形式时,则成为均匀分布。

当 $x_1 \leqslant x \leqslant x_2$ 时,$f(x) = A$;

当 $x < x_1$ 或 $x > x_2$ 时,$f(x) = 0$。

例如,统计事故损失营运时间为 0~100 小时的区段内的事故时,假设在此时间段内任意损失营运时间的事故发生概率均为 0.01 时,则事故发生的概率密度函数可写为

$$当 1 \leqslant x \leqslant 100 时, f(x) = 0.01;$$

$$当 x > 100 时, f(x) = 0。$$

如图 8-3 所示。

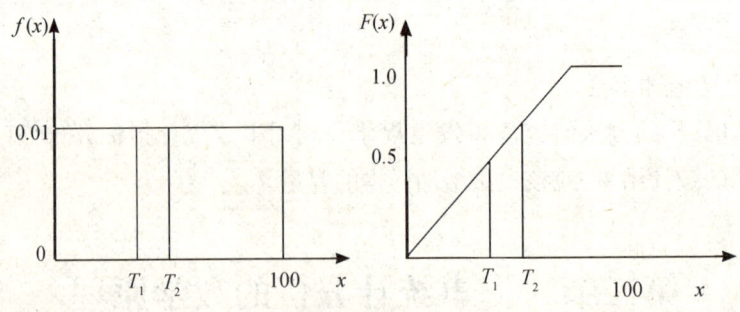

图 8-3 均匀分布

于是损失的营运时间在 $T_1 \leqslant x \leqslant T_2$ 的区间内的事故发生的概率为:

$$F(x) = \int_{T_1}^{T_2} f(x)\mathrm{d}x = 0.01 \times (T_2 - T_1)$$

如果给定 T_1 和 T_2 的值,则可计算出相应的概率。

2. 指数分布

指数分布属于连续型随机变量的概率分布,主要用来描述事故发生时间间隔的分布情况。假设单位时间内事故发生的次数,即事故发生的概率为 λ,则自某时刻起 t 时间内发生事故的概率为

$$F(t) = 1 - \mathrm{e}^{-\lambda t}$$

此式称为事故发生的时间分布,其事故发生的概率密度函数为

$$f(t) = \lambda \mathrm{e}^{-\lambda t}$$

指数分布的数学期望为

$$E = \int_0^\infty t \times f(t)\mathrm{d}t = \frac{1}{\lambda}$$

此式的物理意义为平均事故间隔时间,在安全管理中也称为平均无事故时间,它是事故发生率的倒数。

指数分布的方差为

$$\sigma^2 = \int_0^\infty t^2 \times f(t)\mathrm{d}t = \frac{1}{\lambda^2}$$

3. 二项式分布

二项式分布属于离散型随机变量的概率分布,可以用于描述一个部门在一定时期内事故发生次数的概率分布。

设某部门有 n 名职工,且每人每月发生事故的概率相同,均为 p,由二项式分布可知,该部门的每月发生 x 次事故的概率(即概率密度函数)为

$$f(x) = \frac{n!}{n!(n-x)!} p^n (1-p)^{n-x}$$

每月发生事故次数不超过 X 的概率,即发生 X 次及 X 次以下事故的累计概率分布为

$$F(X) = \sum_{x=0}^{X} f(x) = \sum_{x=0}^{X} \frac{n!}{n!(n-x)!} p^n (1-p)^{n-x}$$

二项式分布的数学期望(即平均值)为

$$\lambda = n \times p$$

二项式分布的方差为

$$\sigma^2 = n \times p \times (1-p)$$

4. 泊松分布

当二项分布中的 n 值足够大($n \geq 10$),p 值相当小($p \leq 0.1$)时,可以按泊松分布进行近似计算。因为交通运输等公司的职工人数较多,而经统计,伤亡事故发生的概率较小,所以按泊松分布计算有足够的精度,可以满足要求。

由泊松分布,一个部门在一定时间内伤亡事故发生 x 次的概率(即概率密度函数)应为

$$f(x) = e^{-\lambda} \times \frac{\lambda^x}{x!}$$

式中,λ 为泊松分布的数学期望,即该时期内伤亡事故的平均次数;当然 λ^2 即为泊松分布的方差。

在一定时间内伤亡事故发生次数不超过 X 次的概率应为

$$F(x) = \sum_{x=0}^{X} f(x) = \sum_{x=0}^{X} e^{-\lambda} \times \frac{\lambda^x}{x!}$$

如图 8-4 所示,给出了数学期望得不同值时的泊松分布状况。

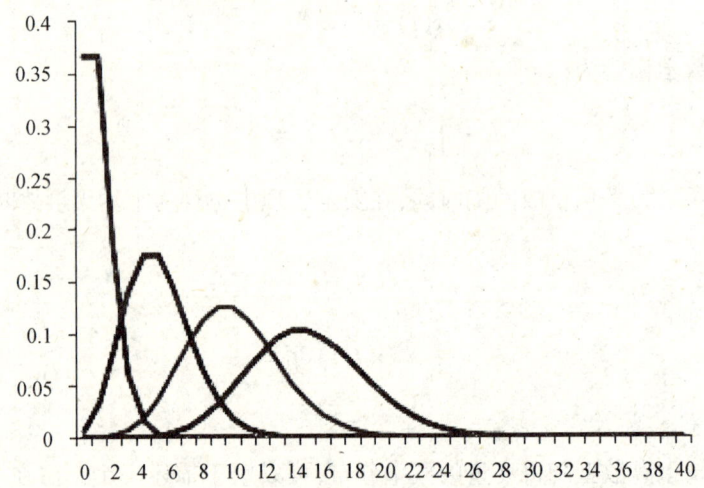

图 8-4 不同 λ 值的泊松分布

5. 正态分布

生产过程中的事故统计,很多结果服从于正态分布形式。当观测次数非常大时,二项分布也趋于正态分布。

正态分布是在平均值 $\bar{x}$(数学期望)附近对称的分布,其概率密度函数为

$$f(x) = \frac{1}{\sqrt{2\pi}\sigma} \exp\left[-\frac{(x-\bar{x})^2}{2\sigma^2}\right]$$

如图 8-5 所示,给出了不同的 σ 值时的正态分布形式。如图 8-6 所示表明了随机变量服从正态分布时,观测值的 68.27% 可能落入 $(\bar{x}\pm\sigma)$ 的范围内;94.45% 的观测值可能落入 $(\bar{x}\pm2\sigma)$ 的范围内;99.73% 的观测值可能落入 $(\bar{x}\pm3\sigma)$ 的范围内。

三、置信度与置信区间

通过实验观测研究随机现象时,通常把研究对象的全体称为总体,把总体中的一部分称为样本,把总体中的一个基本单位叫做个体,把样本中含有的个体数量叫做样本容量。我们希望掌握整体规律,但是有时是十分困难的,甚至不可能做到,因而只能观测一定容量的样

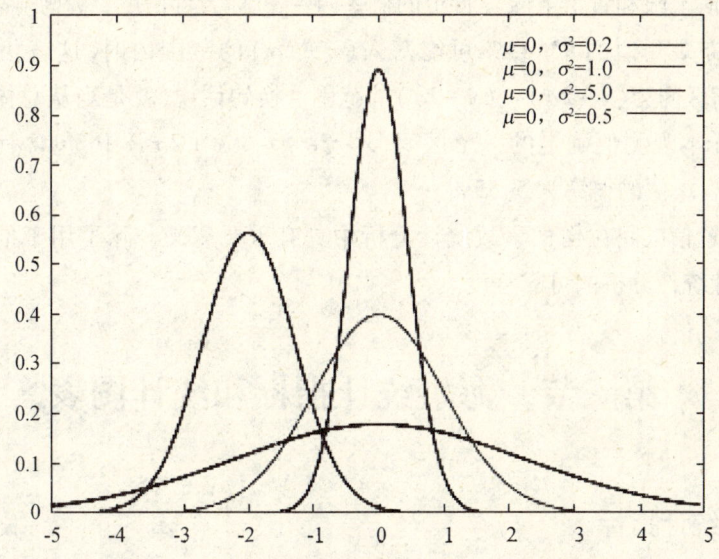

图 8-5 不同 σ 值的正态分布

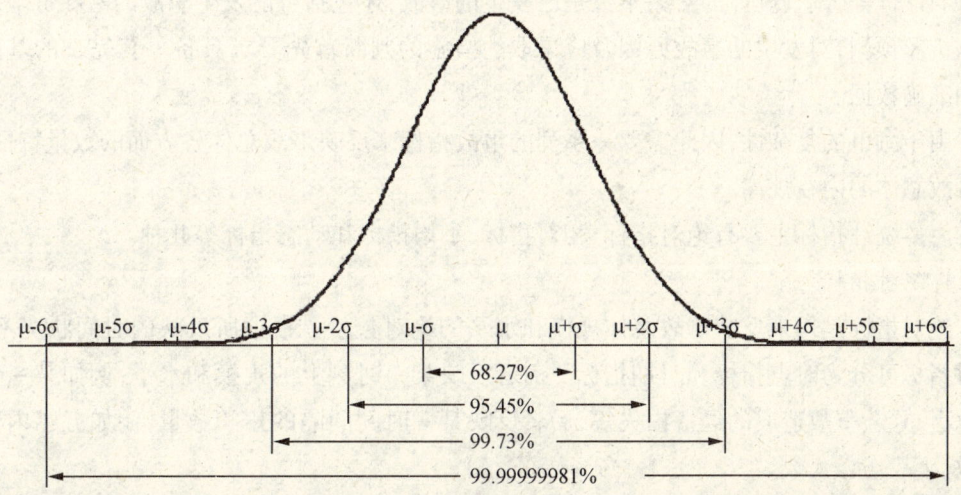

图 8-6 正态分布曲线

本来研究总体分布问题。当通过观测一定容量的样本推断总体情况时,所获得数据也只是总体的近似值。因为近似值并不一定是真值,所以还要估计出一个以区域形式给出的范围,并希望知道该范围包含真值的可靠程度。这便涉及了置信区间和置信度的概念。

随机地从总体中抽取一个大样本。若关心的是总体的数学期望值,则可以根据样本观测值计算出样本的数学期望值 $\bar{x}$。根据总体分布的概率密度函数 $f(x)$ 可以求出落入任意两个值 t_1 和 t_2 之间的概率。对于某一特定的概率 $(1-\alpha)$,若有

$$p(t_1 \leqslant \bar{x} \leqslant t_2) = (1-\alpha)$$

则称 t_1 和 t_2 之间(包括 t_1 和 t_2 在内)的所有值的集合为参数 $\bar{x}$ 的置信区间,t_1 和 t_2 分别为

置信区间的置信上限和置信下限。特定的概率$(1-\alpha)$称为置信度，称为显著性水平。

当正态分布观测值的95.45%可能落入$(\bar{x} \pm 2\sigma)$的范围内时，这就相当于置信度为95.45%的置信区间为$(\bar{x}-2\sigma) \sim (\bar{x}+2\sigma)$的范围。换句话说，就是当从总体中反复多次抽样时，在每组样本观测值确定的一个区间$(\bar{x}-2\sigma) \sim (\bar{x}+2\sigma)$中，包含有$\bar{x}$值的概率为94.45%，不包含$\bar{x}$值的概率为5.55%。

置信度与置信区间在伤亡事故统计分析中具有重要意义。除了用于推断总体参数之外，还用于估计统计分析的可靠程度。

第三节 海事统计指标和统计图表

一、海事统计指标

在安全技术和管理中数理统计等方法得到了普遍的重视和应用。对安全状况和动态的分析与评价等，调查统计的对象不仅是已发生的事故，还包括可能发生事故的潜在危险因素的分析及预测，对发生的事故原因及应采取的措施的判断首先要求具备一套完整的基础资料和准确数据。

由于海事的复杂性，因此需要一系列的事故指标来反映事故总体各方面的数量特征，揭示事故总体的内在规律。

海事统计指标主要有绝对指标、相对指标、平均指标和动态指标等几种。

1. 绝对指标

绝对指标是用来反映事故总体规模和水平的绝对数量。根据所反映的时间状况不同，绝对指标可分为时点指标和时期指标。前者反映某一时刻上的规模和水平，例如某一年我国海事总数、事故造成的经济损失等，后者反映某一时间间隔的累积数量，例如五年内事故总数、事故伤亡人数。

绝对指标是认识事故总体的起点，又是计算其他相对指标的基础，在事故统计分析中具有重要意义。我国海事统计通常采用的绝对指标有死亡（失踪）人数、船舶沉没或者全损船舶数量、重大事故数量和特大事故数量等。

2. 相对指标

绝对指标虽然可以反映事故总体的概貌，但是不能揭示总体的内部规律，而且有些绝对指标由于没有共同基础难以直接进行比较，为此就需要建立相对指标。

相对指标是通过对事故总体中的有关指标进行比较而得到的。利用相对指标可以深入地认识海事的发展变化程度、内部结构、对比情况、事故强度等。此外，还可以把一些不能直接进行对比的绝对指标放在共同基础上来分析比较。

(1)结构相对数

事故结构相对数即事故总体的组成状况。为了从结构方面认识事故,就需要建立结构相对指标。结构相对指标的计算如下:

$$结构相对数(\%) = \frac{总体中某部分的数值}{总体全部数值} \times 100\%$$

(2)比较相对数

比较相对数有两种类型:一种是将同一总体中有联系的两个指标进行对比,例如负伤人数与死亡人数对比,比较相对数常用来反映事故的严重程度;另一种是同类现象在同一时期内的指标在不同地区进行对比。例如,通过两个地区在同一时期碰撞事故数的对比,可以比较两个地区此类事故发生相对的程度。其计算公式为:

$$比较相对数(\%) = \frac{乙地某种指标值}{甲地同种指标值} \times 100\%$$

(3)强度相对数

强度相对数是两个性质不同但有着密切联系的绝对指标相互对比,用以表现事故总体中某方面的严重程度。例如某海域船舶交通事故与船舶交通量之比、事故死亡人数与运输总量或者船舶总里程数之比等,强度相对数计算公式为

$$强度相对数(\%) = \frac{某一个绝对指标数}{另一个有联系而性质不同的绝对指标数} \times 100\%$$

3. 平均指标

平均指标是事故总体的一般水平的统计指标,其数值表现为平均数。平均数可以使总体各单位之间的同类指标数的差异抽象化,将共同性因素显现出来,以便于观察总体的一般水平。

平均数可分为简单算数平均数、加权算数平均数、调和平均数、几何平均数等。

(1)简单算数平均数

计算公式为

$$\bar{x}_j = \frac{\sum_{i=1}^{n} x_i}{n}$$

式中,$\bar{x}_j$——简单算数平均数;

x_i——总体中第 i 个单位的某种指标;

n——总体中单位总数。

(2)加权算数平均数

计算公式为

$$\bar{x}_j = \frac{\sum_{i=1}^{n} x_i f_i}{\sum_{i=1}^{n} f_i}$$

式中，$\bar{x}_q$——加权平均数；

f_i——总体中第 i 个单位的权数；

x_i——总体中第 i 个单位的某种指标。

(3) 几何平均数

计算公式为

$$\bar{x}_j = \sqrt[n]{\prod_{i=1}^{n} x_i}$$

式中，$\bar{x}_h$——几何平均数；

x_i——总体中第 i 个单位的某种指标。

4. 动态指标

为进一步认识事故现象在时间上的发展变化规律，需要一些动态指标。在交通事故统计分析中，常采用的动态分析指标有动态绝对数、动态相对数和动态平均数。

(1) 动态绝对数

动态绝对数包括动态绝对数列和增减量。

动态绝对数列就是将反映事故现象的某一绝对指标在不同时间上的不同数值，按时间先后顺序排列起来形成的数列。

增减量是指事故指标在一定时期内增加或者减少的绝对数量。由于使用的基准数不同，增减量可分为定基增减量和环比增减量。前者在每次计算时，都以计算期的没有特定的时期为固定的基准期(一般取动态绝对数列的最初时期作为固定基准期)，用以表明一段时间内累积增减的数量；后者在计算时，都以计算期的前一期为基准期，用以表明单位时间内的增减量。

(2) 动态相对数

动态相对数是同一事故现象在不同时间的两个数值之比，动态相对数指标主要有事故发展率和事故增长率。

① 事故发展率

事故发展率是本期数值与基期数值之比值，用以表示同类型事故统计数在不同时期发展变化的程度。事故发展率又可分为定期发展率和环比发展率两种。定基发展率即为本期的统计数与基期统计数的比率，计算公式为

$$K_g = \frac{F_C}{F_E} \times 100\%$$

式中，F_C——本期统计数；

F_E——基期统计数。

环比发展率即本期统计数与前期统计数的比率，即

$$K_b = \frac{F_C}{F_B} \times 100\%$$

式中，F_B——前期统计数。

②事故增长率

事故增长率表明事故统计数以基期或前期为基础净增长的比率。增长率分为定基增长率和环比增长率。定基增长率即定基增减量与基期统计数的比率，即

$$J_g = \frac{F_C - F_E}{F_C} \times 100\%$$

环比增长率即环比增减量与前期统计数的比率，即

$$J_b = \frac{F_C - F_B}{F_B} \times 100\%$$

(3) 动态平均数

动态平均数包括平均增减量、平均发展率和平均增长率。

平均增减量是环比增减量时间序列的序时平均数，可用算术平均数计算。

平均发展率是环比发展率时间序列的序时平均数，可用几何平均数计算。

平均增长率可视作环比增长率的序时平均数，但它是根据平均发展率计算的，而不是直接根据环比增长率计算。

5. 事故频率

事故率是表示一定时期内，一个国家、某一个水域或某一个具体航道的事故次数、伤亡人数与其船舶数、从业人员数或运输量的相对关系。事故率作为重要的强度相对指标，既可表示综合水上交通安全的水平，又是海上安全评价的基础指标，应用广泛。根据计算方法和用途的不同可分为如下几种：

(1) 事故频率

事故频率是按下式定义的：

$$R = \frac{A}{NT}$$

式中，R——事故频率；

A——事故发生数；

N——参与船舶数；

T——统计时间间隔。

根据需要还可以利用上面公式计算某一类事故的事故频率。

(2) 伤亡事故频率

伤亡事故频率也是使用上式进行计算的，只是 A 表示人员伤亡数，而 N 是参加生产的职工人数。

根据选取的参数不同，上式还可以计算各种指标。例如千船事故频率、千船伤亡频率、万吨运输量事故频率等。

二、事故统计图表

在伤亡事故统计分析中，经常使用各种统计图表来增加直观性和方便性。常用的图表

有柱状图、折线图等。

1. 柱状图

柱状图是以柱状图的形式表示统计指标数值大小的统计图形。由于绘制容易、表达清晰，所以应用十分广泛。海上交通事故原因统计图表之一主次图就是一种柱状图。它把统计指标数值绘制成柱状，按从大到小、从左到右依次排列，把各种因素的重要程度直观地表现出来，并以折线表示累计值。如图8-7所示，绘出了2001~2005年我国某省海事事故类别统计分析（如表8-3所示）中的主次分布状况和累计原因频率。

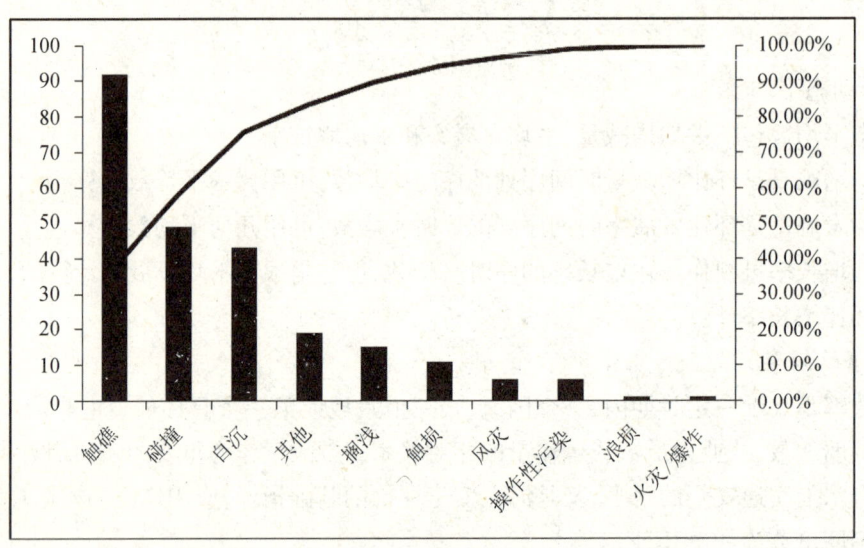

图8-7　2001~2005我国某省海事事故类别主次图

表8-3　2001~2005我国某省海事事故类别统计

事故类别	频数(n_i)	累计频数(N_i)	频率(f_i,%)	累计频率(F_i,%)
触礁	92	92	37.86%	37.86%
碰撞	49	49	20.16%	58.02%
自沉	43	43	17.70%	75.72%
其他	19	19	7.82%	83.54%
搁浅	15	15	6.17%	89.71%
触损	11	11	4.53%	94.24%
风灾	6	6	2.47%	96.71%
操作性污染	6	6	2.47%	99.18%
浪损	1	1	0.41%	99.59%
火灾/爆炸	1	1	0.41%	100.00%

从图中可以看出各种事故总数以及各种事故所占的比值,总数较高和比值较大的事故种类应作为防范的重点。

2. 折线图

折线图是将不同阶段的统计指标用不间断的折线连接起来绘制成的图表,它可以清晰地表示或者分析出事故发生的趋势随时间的变化规律。通用的折线图有事故趋势图和事故管理图。

事故趋势图是按时间顺序对事故发生情况进行统计分析后绘制的图表。它既可以展示事故发生趋势,又可以评价某一时期内部门或者水域的安全状况。如图 8-8 所示给出了我国 2001~2005 年 5 年水上交通事故随时间变化的趋势图。

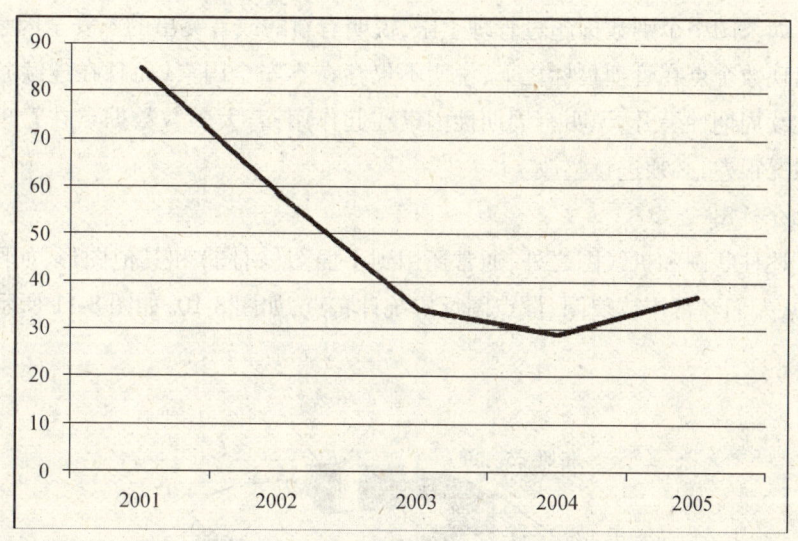

图 8-8　2001~2005 我国某省水上事故随时间变化图

从图中可以看出,2001~2004 我国某省辖区水上交通事故呈下降趋势,之后有所上升。

3. 事故管理图

事故管理图是某企业或者某部门在实施安全目标管理中,为及时掌握事故发生状况经常使用的统计图表。

在实施安全目标管理时,应把作为年度安全目标的事故指标逐月分解,确定月份的管理目标。通常以每月伤亡事故次数作为安全管理的目标值。

在一定时期内,一个企业和部门每月事故发生次数的概率基本服从泊松分布。通常我们用数学期望来描述每月事故的平均发生次数(平均事故发生率、即平均单位时间内事故发生的次数),用方差来描述每月事故的随机波动状况。由于泊松分布的数学期望和方差是相等的,均用 λ 业表示,可按下述公式(取置信度为 90% 时)确定围绕安全目标 λ 管理的控制上下限(置信度为 90% 的置信区间):

控制上限为 $UCL = \lambda + 2\sqrt{\lambda}$;

控制中线为 $CL = \lambda$;

控制下限为 $LCL = \lambda - 2\sqrt{\lambda}$。

实际安全管理工作中,人们最关心的是实际伤亡事故发生的次数的平均数是否超过安全目标值,所以工作中往往不考虑控制下限,只考虑控制上限即可,力争每月的伤亡事故发生次数不超过控制上限。

绘制事故管理图时,以月份作为横坐标、每月的事故次数为纵坐标,用实线绘出管理目标线、用虚线绘出管理上限和管理下限,同时注明数值和符号。在图中将每个月的实际伤亡事故次数的点标绘于相应位置上,并用直线连接起来,形成折线图,表明安全状况随时间的总体走势。

正常情况下,各月份的实际伤亡事故发生次数应该控制在管理上限之内,并围绕安全目标值波动。如果图中个别数据超过管理上限,说明有新的或者突出的不安全因素起作用;若图中连续出现数个点在管理目标之上,说明不仅存在不安全因素,而且在连续起作用;若图中多个点连续周期性上升,说明有周期性因素在起作用;若大多数数据点在管理目标之上,说明安全状况很差,必须进行整改。

4. 其他分析图

除了上述柱状图和折线图之外,通常还用到平面图(饼图)和其他图形,如图8-9所示。实际工作中,人们经常用玫瑰图、散点图反应统计特点,如图8-10、如图8-11所示。

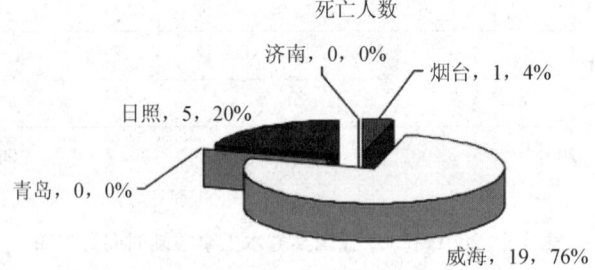

图8-9 事故分析饼图

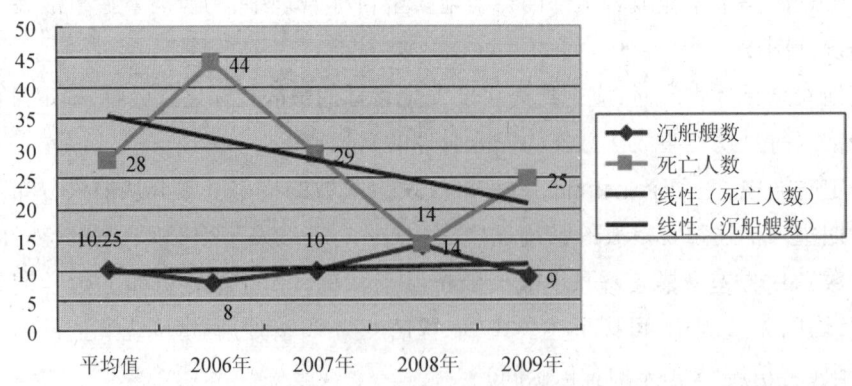

图8-10 事故变化趋势图

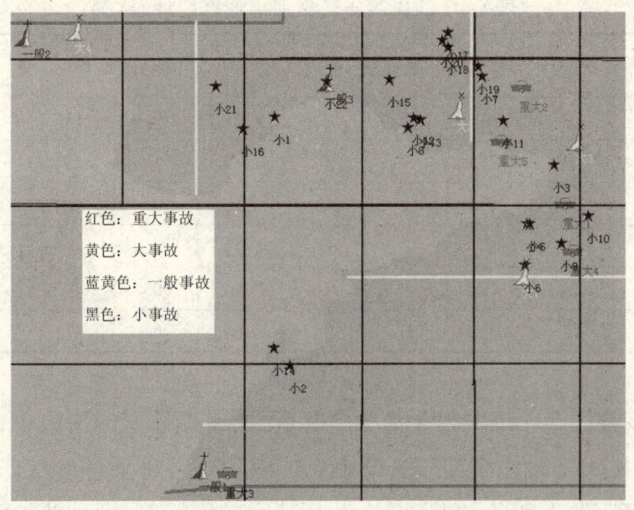

图 8-11　山东省 2009 年海事事故分布图

第四节　海事分布与影响因素统计分析

海上交通是一个由人、船、环境和管理组成的复杂系统。为了增进海上安全,我们需要对事故的整体进行统计分析,以便发现事故发生和发展的规律,提出改进的措施。由于海事的多样性,人、船、环境和管理系统的复杂性,为了更好地了解事故的发展规律,还有必要进行海事的分类统计和对事故发展的影响因素进行统计,发现主要事故类型和引发事故的主要因素,并进行控制,达到增进海上安全的目的。

一、海事形态分布统计

海事的分类,表明海事的类别繁多,很多类别之间事故发生、发展的情形不尽相同。有的事故与船舶的运动有关,有的却与船舶的运动没有任何关系。因此,各类事故的防治措施也不尽相同。海上交通事故形态统计就是根据发生事故的种类进行统计分析,发现海事形态分布的规律。研究海事形态分布规律,目的在于根据各种事故形态的分布情况,找到导致各种形态事故的发生原因,抓住主要事故和具有共性的问题,提出相应的对策和解决方法,有针对性地重点防治某类事故的发生。

《水上交通事故统计办法》(2015)将我国水上交通事故分为十个统计类别,参照该办法对我国某省 2001～2005 年 243 起海事为例(如表 8-4 所示)进行了海事形态统计分析。

表 8-4 我国某省辖区海事形态统计表

事故类型 时间	碰撞	搁浅	触礁	触损	浪损	火灾/爆炸	风灾	自沉	操作性污染	其他	合计
2001	14	7	34	5	1	0	2	15	0	7	85
2002	11	1	25	2	0	0	1	13	0	5	58
2003	7	2	13	1	0	0	0	8	1	3	35
2004	6	2	10	2	0	0	3	4	2	2	31
2005	11	3	10	1	0	1	0	9	3	2	40
合计	49	15	92	11	1	1	6	49	6	19	249

根据统计表,该辖区 5 年内共发生海事 249 起,所有船舶交通事故中,触礁事故最多,为 92 起,占 36.95%;其次是碰撞事故,为 49 起,占 19.68%;自沉事故次之,为 49 起,占 19.68%;其他事故 19 起,为 7.63%;搁浅事故为 15 起,占 6.02%;因此此省辖区水上交通安全管理的重点工作是防范和控制船舶触礁、碰撞、自沉、搁浅、触损和其他事故的发生。

在所有的船舶运动事故中,触礁、碰撞和自沉事故数量占事故总数的 76.31%。由于该省辖区内内河运输量较大,一些内河航道的环境和条件已不能满足船舶发展的需要,特别是枯水期间,航道弯曲,航路狭窄,水流归槽、湍急,航道水位常有低于航道设计水深的情况,部分内河驾驶人员的驾驶技术水平不高,文化素质普遍较低,缺乏更新知识和技术的自觉性和能力,导致触礁、碰撞事故的风险高。目前,该辖区乡镇自用船、农用船、无证船、渔船等技术条件差的船舶还大量存在,这些不具备客货运输条件和资格的船舶擅自载客或载货运输,加之驾驶人员未经培训考证、驾驶技术差,更容易造成沉船死亡事故,尤其是群死群伤事故。对此应加强本辖区内交通规划、组织和管理,确实落实安全管理责任制、安全培训全面制,形成有效的日常安全管理机制,保障水上交通安全。

二、海事时间分布统计

海上交通事故时间分布是指海事随时间而变化的统计特征。海事交通事故与交通活动和交通环境都有着密切的关系。海上交通事故具有随时间而变化的特征,宏观的统计分析可揭示其内在的变化规律性。

海事时间分布统计中的时间单位可以根据需要设定。按年份统计,如图 8-8 所示,我们可以从图中了解这 5 年事故发生的趋势、不同年份事故高峰和低谷的信息,并可以进一步研究引起变化的原因,为以后的安全管理提供依据。

按月份统计,可以分析一年中事故的整体分布情况,也可以分析某一类事故的月份分布。同样,可以按季度、按周进行统计,也可以按事故发生的具体时间进行统计,用来分析不同时间对人的行为的影响等。

三、海事的空间分布统计

海上交通事故的空间分布是指海事港口水域、沿海水域、分道通航制水域、VTS 覆盖水域等,各类型的水域或者航段上海事事故的分布情况。由于交通环境不同、交通的组成不同、交通的分布不同等原因,海上交通事故在空间上有不同的分布特征。

分析海上交通事故的空间分布规律,掌握海事在不同水域的分布规律,对于海上安全管理部门有的放矢地预防海事的发生,改善海事安全状况有重大意义。

海上交通事故空间分布统计,空间的划分可以根据研究的目的和所研究的对象决定。图 8-12 是我国山东辖区 2009 年海事事故的地理分布图。从表 8-5 可以看出 2001~2005 年海事事故主要发生在一般航道、主要浅滩,占事故总量的 66.3%,其次是港口范围。因此应加强这些水域的安全监管力度。

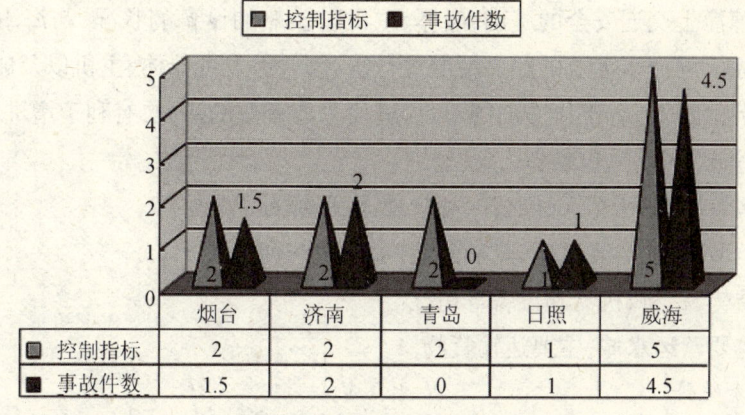

图 8-12　事故分析三维柱状图

表 8-5　2001~2005 年我国某省辖区海事空间分布统计表

时间 \ 地点	港区范围	主要滩险	一般航道	渡口水域	其他	合计
2001 年	11	26	33	5	10	85
2002 年	10	20	18	3	7	58
2003 年	3	7	17	1	6	34
2004 年	4	8	10	2	5	29
2005 年	10	10	12	2	3	37
合计	38	71	90	13	31	243

四、海事影响因素统计

海上交通事故的发生受海上交通中人、船、环境、管理多种因素的作用,各种因素的影响程度和方式不尽相同。为了清晰地认识各种因素对海上交通事故的影响,采取适当的安全管理措施,有必要对影响海事的因素进行统计分析。

1. 人为因素的统计

根据大量统计分析表明,有 75%~96% 的海上事故涉及人为失误。因此减少和控制人为失误是防止海事的主要途径之一。对海事中涉及的人为因素进行统计分析,有利于发现造成海事的主要人为因素,以便采取有针对性的安全措施。

(1)人的自然状况的统计,包括国籍、年龄、个性(心理条件、情绪状况)、生理条件(酒精、药物、疲劳)、健康状况等方面。

(2)人的技术情况统计,包括职务证书、资历(现职务、原职务、陆地工作)、教育、培训(学历、毕业院校、培训机构、培训内容)、同类船舶工作情况。

(3)公司管理情况统计,包括安全政策、配员、岸上管理因素(雇佣政策、工作休息规定、岸船支持和交流)等情况。

2. 船舶因素统计

船舶是保障海上交通安全的基础,船体、主机以及船舶设备的状况,与海事的发生有着极为密切的关系。对海事涉及的船舶情况进行统计分析,发现船体、主机以及船舶设备固有的缺陷,以及船舶维护保养工作方面的不足,进而采取有效的措施,有利于增进海上安全。

船舶因素情况的统计,包括:

(1)船舶国籍、船舶所有人、经营人和管理人、船级社。

(2)船舶类型、船舶主要尺度、船舶建造厂、建造时间。

(3)船舶结构、材料、机器和设备等情况。

(4)船舶主要营运水域、主要运输货物。

3. 环境因素统计

环境因素是海事的促发因素,有时也是引发海事的决定因素,很多环境因素(恶劣天气)无法控制。对环境因素进行统计分析有利于了解环境因素的不利影响,可以提出各种环境下的防范措施,减少和控制环境因素对海上安全的负面影响。

(1)自然环境因素的统计,包括天气海况、水文条件、水域的地理环境和复杂程度等。

(2)交通环境因素的统计,包括航道条件和布置、通航密度、交通情况、渔区养殖区等。

4. 管理因素统计

管理因素是海事的协调要素,主要包括船公司和政府当局的管理。要避免和减少海事的发生,就必须控制人、船、环境的要素并有效地协调各要素之间的关系,能预知海事的发生,因此船公司和政府当局的管理与海事的发生有着密切的联系。

(1)船公司相关因素的统计,包括公司负责人、资质、主营业务、体系构建等。

(2)管理当局相关因素统计,包括负责人、业务、相应法律法规完善程度、应急体系、航道规划、交通组织服务等情况。

海事统计分析是为了发现事故发生的规律,找出解决的措施。统计哪些要素没有严格的限定,研究时可以根据研究的问题来进行设定。因此,要求每起海事的调查应尽量的详尽,能够涵盖促成事故的各个方面。

第九章　海事处理

海事调查处理工作在我国是由国家海事行政主管部门(中华人民共和国海事局)或其分支机构负责主持进行的,这是由我国有关的海事调查法律法规所规定的。《中华人民共和国海上交通安全法》(1984年1月1日实施)中第一章(总则)第三条明确规定,中华人民共和国港务监督机构是对沿海水域的交通安全实施统一监督管理的主管机关。

根据国务院批准的《交通部职能配置、内设机构和人员编制规定》(国办发[1998]67)号的规定,中华人民共和国船舶检验局(交通部船舶检验局)与中华人民共和国港务监督局(交通部安全监督局)合并组建中华人民共和国海事局(交通部海事局)。另根据国务院办公厅《关于印发交通部直属海事机构设置方案的通知》(国办发[1999]90号)和中央机构编制委员会办公室《关于交通部沿海直属海事机构的分支机构设置的批复》(中编办字[2000]48号),全国沿海及主要水系干线的原海监、港务(航)监督机构已更名为海事局(处)。各级海事管理机构履行《中华人民共和国海上交通安全法》、《中华人民共和国海洋环境保护法》、《中华人民共和国水污染防治法》、《中华人民共和国内河交通安全管理条例》和《水上安全监督行政处罚规定》等国家法律、行政法规、规章中"港务监督"、"港航监督"、"港监机构"的管理和处罚职责。由此可知,现在沿海水域的交通安全的主管机关为中华人民共和国海事局。

《中华人民共和国海上交通安全法》第九章(交通事故的调查处理)第四十三条规定,船舶、设施发生的交通事故,由主管机关"查明原因,判明责任"。

第一节　海事处理概述

为了加强海上交通安全管理,根据《中华人民共和国海上交通安全法》的有关规定和精神,我国于1990年3月3日发布实施《中华人民共和国海上交通事故调查处理条例》,对海事调查处理做出了明确而具体的规定。该条例第一章是总则,第二章是报告,第三章是调查,第四章是处理,第五章是调解,第六章是罚则,第七章是特别规定,第八章是附则。该条例中将海事处理和海事调解分章叙述,说明"处理"和"调解"是不同的行政处置措施。第四章处理,自第十五条至第十九条共有五条,规定了海事局处理海事的具体任务及相关事宜。概括起来,海事处理主要是指下列三件事:

①依据海事调查编写"海上交通事故调查报告书",并分析事故原因和当事人各方的责任。

②对海事的发生负有责任的当事方及人员视责任性质和程度,依法给予行政处罚。

③根据事故原因向有关部门提出加强安全管理的建议和要求。

2002年8月1日国务院发布的新《中华人民共和国内河交通安全管理条例》施行(1986年12月16日发布的废止),第一章(总则)第四条明确规定,国务院交通主管部门主管全国内河交通安全管理工作。国家海事管理机构在国务院交通主管部门的领导下,负责全国内河交通安全监督管理工作。

第八章(事故调查处理)第五十一条规定,海事管理机构接到内河交通事故报告后,必须立即派人员前往现场,进行调查和取证。在这里,同样也要求由海事管理机构进行调查与处理。

2006年12月4日交通部发布《内河交通事故调查处理规定》(2012年3月14日修正)则是依据《中华人民共和国内河交通安全管理条例》,为了加强内河交通安全管理,规范内河交通事故调查处理行为而制定的细则。该条例第一章是总则,第二章是报告,第三章是管辖,第四章是调查,第五章的处理,第六章是附则。第五章是处理,自第三十三条至第三十七条,共五条,处理内容要求:

①海事管理机构在内河交通事故调查、取证结束后30日内做出"事故调查结论",依据分析事故原因和当事人各方的责任。

②对海事的发生负有责任的当事方及人员视责任性质和程度,依法给予行政处罚。

③根据事故原因向有关部门提出加强安全管理的建议和要求。内河与海上交通事故调查处理的工作内容基本相同。

应该说,《中华人民共和国海上交通安全法》、《中华人民共和国内河交通安全管理条例》、《海上交通事故调查处理条例》和《内河交通事故调查处理规定》等以法律形式解释了海事处理这一概念,规定了海事局处理海事的具体任务:为查明水上交通事故发生的经过、原因、造成的损害情况所进行的一系列询问、核查、勘察等活动。也指明了海事处理属于行政法律行为的基本性质:判明相关当事人的海事行政违法行为,并依法追究他们的行政责任。

虽然各国海事调查处理的最终目的都是为了保障人命、财产安全和保护环境,但是由于历史传统和海事处理所依据的法律法规的不同,各国海事调查处理有所差异。就西方主要航运国家看,它们大都偏重于技术调查,其主要目的是查明原因,避免此类事故再次发生,因而常采用海事调查而不采用海事调查和处理这一提法或概念。海事的初步调查中所包括的海事处理部分是指编写海事调查报告书,说明事故经过和原因,提出各方面的安全管理建议,包括向国际海事组织提出修改公约的建议,预防类似事故的发生。如英国海事调查局、美国海岸警卫队、美国国家运输安全委员会等。此外,这些国家的海上安全监督管理机构所进行各类海事调查一般不就事故确定和划分责任,也不就任何当事人追究责任,不涉及海事引起的民事纠纷。

目前我国海事调查处理的现状,除了技术调查,行政和司法功能占据很大比例。就调查、处理和调解三者的相互关系来说,调查是前提、是基础,工作重点首先是调查分析,调查做好了,事故发生的原因查清楚了,才能区分责任,才能为处理和调解工作做好基础。从国外情况看,大多数国家关于海事调查处理的分工很细,调查(包括查明原因、调查事故发生的规律,提出安全管理建议,提高安全技能)、处理和调解(指确认违法责任,或者提出司法诉讼)分别由不同的机构承担,而我国规定由同一机构也就是海事管理机构进行这三项工作。这三项工作既相互联系,又具有独立性,因此就要依法并尽力做好这些工作,不能偏废。

与国外海事调查相比,我国现行做法有利于人员、设备等技术力量的整体利用,节约执法成本。由于主管机关有判明责任的权力,调查结论是当事方海事理赔的重要依据,当事方为此在态度上会积极配合海事调查,客观上减少了调查阻力。但由于多方利益因素的博弈,现有机制也一定程度上制约了事故真相的发现,不利于安全管理水平的持续提高和预防类似事故的发生。

我国海事管理机构也在逐步完善现有的海事调查模式,将来会逐步区分海事调查和行政处罚处理,海事事故调查只涉及调查取证和责任划分,民事和刑事诉讼都将由事故当事人分别向法院提出诉讼。这样的发展趋势符合国际大环境,也能够做到既高效开展行政调查,公平公正处理问题,又能有效预防事故的再次发生。

从安全管理角度看,海事调查处理是海事管理机构的一项非常重要的工作,而且这项工作对于海事调查处理人员的要求很高。我国 2006 年 7 月 1 日实施《海事调查官管理规定(试行)》,2009 年 1 月 1 日正式实施《海事调查官管理规定》,原试行规则作废。在规定中明确海事调查官分助理级、中级、高级共三级,并需经海事调查官培训、考试合格,持国家海事局签发的证书上岗,证书需经年度注册有效。这标明中国海事调查处理进入了更为系统化、规范化、法制化发展的新阶段。

第二节　安全管理建议与海事调查报告

一、安全管理建议

1. 安全管理建议概述

人类的生产活动主要是从事故中获取经验教训来改善安全状况。进行海事调查的主要目的也是为了查明真相,分析原因,从海事中获取经验教训,防止类似事故发生。因此,由负责调查的海事管理机构依据查明的事故发生原因,向船舶、公司以及有关管理部门提出有针对性地加强安全管理的建议十分必要,对增进海上安全有重要意义。

国际海事组织非常重视安全管理建议的提出,按照《联合国海洋法公约》第二条、第九十四条,考虑 1974 年《国际海上人命公约》(Ⅰ/二十一条)、1966 年《国际载重线公约》(二十三条)、1973 年《国际防止船舶造成污染公约》(十二条)的规定,以及国际海事组织相关决议包括 A.173(ES.Ⅳ)、A.322、A.422(Ⅺ)、A.849(20)等,船旗国和沿海国海事主管机关,不但要建立一整套适当、有效并被国际上认可的水上交通事故调查体系,还应采取有效措施保证有足够的、适当的人力物力资源来完成事故调查工作,船旗国有责任对海事进行调查并向国际海事组织提供相应的资料,并要求事故调查提出防止类似事故再次发生的安全建议。执行海事调查的国家在确定有必要采取紧急的行动时,有权向适当的相关机构提出临时的安全建议。很多航运发达国家的海事调查都要求海事调查官员在其海事调查报告书中提出有关安全管理方面的建议。特别是对正式调查来说,其最终结果就是提出增进安全、杜绝隐患,防止同类事故再次发生的建议。这些建议不仅针对船员或船公司,而且针对港口与航道部门、海员教育培训部门,还包括政府主管安全管理的相关部门。

我国在事故调查中非常重视安全管理建议工作。2014 年修订《中华人民共和国安全生产法》(自 2014 年 12 月 1 日起施行)第八十三条规定,事故调查处理应当按照科学严谨、依法依规、实事求是、注重实效的原则,及时、准确地查清事故原因,查明事故性质和责任,总结事故经验教训,提出整改措施,并对事故责任者提出处理意见。事故调查报告应当依法及时向社会公布。《生产安全事故报告和调查处理条例》(自 2007 年 6 月 1 日起施行)第三十条规定,事故调查报告应当包括事故防范和整改措施;第三十三条规定事故发生单位应当认真吸取事故教训,落实防范和整改措施,防止事故再次发生。防范和整改措施的落实情况应当接受工会和职工的监督。

我国海事调查的相关法律法规也要求海事管理机构根据海事调查提出安全管理建议和措施。1990 年颁布实施的《海上交通事故调查处理条例》第十九条规定,根据海上交通事故发生的原因,港务监督(海事管理机构)可责令有关船舶、设施的所有人和经营人限期加强对所属船舶、设施的安全管理。对拒不加强安全管理或允许限期内达不到安全要求的,港务监督(海事管理机构)有权责令其停航、改航、停止作业,并可采取其他必要的强制性处置措施。

《内河交通事故调查处理规定》第三十六条规定,根据内河交通事故发生的原因,海事管理机构可责令有关船舶、浮动设施的所有人、经营人或者管理人对其所属船舶、浮动设施加强安全管理。有关船舶、浮动设施的所有人、经营人或者管理人应当积极配合、认真落实。对拒不加强管理或者在允许期限内达不到安全要求的,海事管理机构有权采取责令其停航、停止作业等强制措施。

《中华人民共和国安全生产法》、《生产安全事故报告和调查处理条例》、《海上交通事故调查处理条例》和《内河交通事故调查处理规定》的相关规定都明确要求,为防止事故再次发生而提出相应的整改措施,也就是说安全管理建议属于行政命令性质。海事调查中港务监督对船舶所有人、经营人所提出的安全建议也是行政命令。行政命令是行政主体依法要求相对人进行一定的作为或不作为的意思表示,行政命令具有强制力。《海上交通事故调查处理条例》如此规定有利于安全管理建议落实,对加强海上安全是有利的。但是《海上交通事故调查处理条例》和《内河交通事故调查处理规定》中所提安全管理建议的范围太小,只是对船舶所有人、经营人或者管理人所提出。事故的原因或事故的可能原因通常涉及人、船、环境这三个要素的单独作用或相互作用,以相互作用为主,也就是说,事故的原因或可能原因不仅涉及船员个体、船舶或所有人和经营人,还会涉及其他单位和部门,因此,增加向所涉及的单位和部门提出加强安全管理的建议则更恰当。

2. 安全管理建议的提出

事故的致因理论是事故调查、分析的理论指导,也是提出安全管理建议的理论指导。安全管理建议可以根据某一海事的调查分析提出,也可根据海事的统计分析提出。通过海事的调查和分析,就会明确海事发生的直接原因(现场因素)、间接原因(管理因素)和基础原因(社会因素),安全建议就是在这一基础上完成的。也就是说所提出的安全建议必须与事故原因分析相关联。安全建议可以根据各个层面的因素提出,由于事故原因的因果关系,各个层面上提出的安全建议往往也是相互联系的。安全建议可以是成形的建议,也可以是某种问题的质疑,也可以是一种有待继续研究的想法。

(1)根据现场因素提出安全管理建议主要是从以下几个方面提出:

①防护和保障

发生事故是否造成人员伤亡和财产损失或造成的伤亡损失大小与防护保障有很大的关系。根据海事的调查情况对防护方面提出安全管理建议是必要的。防护所保障涉及的方面很广,主要包括:

a. 船员劳动防护设备的配备、效用等。

b. 船员工作休息制度执行情况、疲劳问题等。

c. 救生消防设备的配备、效用、维护、使用,应急组织、训练等。

d. 海上救助的组织、救助设备和技术等。

②不安全环境

针对不安全环境提出的安全管理建议主要包括内部环境和外部环境。内部环境包括船舶设计、布置,噪声,振动,生活、工作环境等;外部环境包括自然环境和通航环境,自然环境如气象(风、雨、雪、雾)、水文条件(流速、流向和潮汐)、航道条件(航道的宽度、深度、水下障碍物、助航标志等),通航环境如通航密度、交通秩序、靠泊和锚泊条件、桥梁及架空电缆高度、背景灯光、港口设施和状况、助航信息发布等。

③物的不安全状态

根据物的不安全状态提出的安全管理建议,一方面考虑船舶因素,包括航行操纵设备、助航设备的性能和状况,船体设计、材料及质量,船体结构、强度、密封性和分舱布置,船舶的吃水、稳性、惯性、使用、维修保养过程中潜在的或显现的问题等;另一方面考虑货物因素,包括货物的挥发性、易燃易爆、毒性、易移动等特性,货物的分类、处置、堆装、固定、运输保管等方面处置不当,以及其他与货物有关的事故因素。

④人的不安全行为

根据海事调查分析,查明事故中人的不安全行为,包括船员和有关人员的身体状况、思想意识(职业道德、安全意识、工作态度、责任心等)、驾驶技能(判断能力、应变能力、操作能力等)、知识水平(对专业知识、航行规则、有关的法律法规的理解和掌握)。对人的不安全行为进行识别,分清是基于思想意识的、基于技能的,还是基于知识的,在此基础上才能提出切实可行的安全措施,起到预防的作用。

对应人的不安全行为类型,相应的教育方式也不尽相同,因此所提安全管理建议也会不同。基于思想意识的不安全行为,建议加强素质教育和培训;基于技能的不安全行为,建议加强操作者的练习和实践,对操作规程、操作步骤进行学习;基于知识的不安全行为,建议对操作者加强相关专业知识和法规的培训、教育。

(2) 根据管理因素提出安全管理建议

根据海事发生的直接原因提出安全管理建议很重要,但是海事的直接原因不过是间接原因(管理因素)在现场的反应。要提高安全工作,必须加强安全管理,因此针对海事的间接原因提出安全建议是非常必要的。船上安全管理是船舶安全的重要环节之一,安全管理建议主要针对船上组织,船长、部门长的安全培训和态度、行为、责任和权威性,以及对现有规则、规范遵守的监督检查等。

针对船公司管理提出的安全管理建议包括:公司的安全方针、目标、政策、责任、权限划分,公司的雇佣政策,安全人员的工作情况和工作态度,安全培训计划,对船舶的监督检查,对法律法规的遵守等。

针对交通运输主管部门提出的安全管理建议包括:运输管理法规建设、管理漏洞或不足,人为疏忽或违反规定的情况等。

针对海事管理机构提出的安全管理建议包括:海事管理机构在船员管理、船舶管理、通航管理、航行安全保障等方面是否存在不足,以及海事法规建设是否适应航运发展等。

其他相关管理部门的安全管理建议包括引航、港口、船检、航标、航道等在管理中是否存在不足,是否违反安全操作规程等。

(3) 根据社会因素提出的安全管理建议

根据社会因素提出的安全管理建设是针对整个社会的经济、文化、教育、法律和人们对安全的态度等方面。这些方面的改变通常都是逐渐变化,很大程度上还取决于经济的发展和国家政策,但是安全管理建议的提出可以起到一定的推动作用。

在事故调查和分析的基础上提出的安全管理建议,归纳为如下四个方面的措施:执行方面、规则方面、教育方面和科学技术方面。

①执行方面

在事故调查分析中,如果发现事故的发生是由于没有遵守现有的规则,那就需要分析为什么有规则而没有遵守,然后就存在的问题提出保障规则执行的有效建议。

②规则方面

在事故调查分析中,如果发现现有规则不能防止类似事故的再次发生,或者现有规则的某些规定能够一定程度上诱发事故的发生,那就应提出修改规则的建议。

③教育方面

教育方面的安全管理建议涉及的范围广泛,是针对防止人为失误和管理失误方面的。研究表明有75%~95%的海事发生涉及人为失误,而这些失误与教育、培训和管理不当有很大关系。

④科学技术方面

科学技术方面的建议通常涉及船舶结构、材料、船舶设备、防护措施等方面的内容,这方面建议的完成通常需要科学研究和试验。海事调查人员可以根据事故调查分析提出相关的疑问,或提出某些方面的改进建议。

二、海事调查报告

海事调查必须在严谨、翔实的调查基础上,进行原因分析,编写调查报告。相关人员和部门通过调查报告了解所提出的安全管理建议,海事调查才可能对增进海上安全起作用。因此,根据事实撰写一份全面和细致的海事调查报告是非常重要的工作。

1. 海事调查报告概述

海事调查报告书是海事调查活动的官方记录,对事故调查至关重要。国际海事组织2010年1月1日生效的《海上事故或事件安全调查国际标准和建议做法规则》,简称《国际海事调查规则》,在14.1规定,海上安全调查国须向本组织提交对每一起非常严重的海上事故所进行海上安全调查报告的最终文本。14.2规定,当对不是非常严重的海上事故或海上事件进行海上安全调查,并作出调查报告,且其中含有的信息可以预防海上事故、事件或减少其严重性时,其最终文本须提交给本组织。要求事故调查结束后,调查人员按照规则所提出的一系列要求撰写海事调查报告。

《生产安全事故报告和调查处理条例》第二十九条规定,事故调查组应当自事故发生之日起60日内提交事故调查报告;特殊情况下,经负责事故调查的人民政府批准,提交事故调查报告的期限可以适当延长,但延长的期限最长不超过60日。第三十条规定,事故调查报告应当包括下列内容:

(1)事故发生单位概况。

(2)事故发生经过和事故救援情况。

(3)事故造成的人员伤亡和直接经济损失。

(4)事故发生的原因和事故性质。

(5)事故责任的认定以及对事故责任者的处理建议。

(6)事故防范和整改措施。

事故调查报告应当附具有关证据材料。事故调查组成员应当在事故调查报告上签名。

《海上交通事故调查处理条例》第四章(处理)第十五条规定,港务监督(海事管理机构)应当根据对海上交通事故的调查,完成海上交通事故调查报告书,查明事故发生的原因,判明当事人的责任。第十六条规定,海上交通事故调查报告书应包括以下内容:

(1) 船舶、设施的概况和主要数据。

(2) 船舶、设施所有人或经营人的名称和地址。

(3) 事故发生的时间、地点、过程、气象海况、损失情况等。

(4) 事故发生的原因及依据。

(5) 当事人各方的责任及依据。

(6) 其他有关情况。

《内河交通事故调查处理规定》第四章（调查）第二十九条规定，事故调查、取证结束后，海事管理机构应当制作内河交通事故调查报告。内河交通事故调查报告应当包括下列内容：

(1) 船舶、浮动设施概况（包括其名称、主要技术数据、证书、船员及所载旅客、货物等）。

(2) 船舶、浮动设施所属公司情况（包括其所有人、经营人或者管理人的名称、地址等）。

(3) 事故发生的时间和地点。

(4) 事故发生时水域的水文、气象、通航环境情况。

(5) 事故搜救情况。

(6) 事故损失情况。

(7) 事故经过。

(8) 事故原因分析。

(9) 事故当事人责任认定。

(10) 安全管理建议。

(11) 其他有关情况。

第五章处理中第三十三条规定，海事管理机构应当在内河交通事故调查、取证结束后30日内做出事故调查结论，并书面告知当事船舶、浮动设施的所有人或者经营人。第三十四条规定，事故调查结论应当包括以下内容：

(1) 事故概况（包括事故简要经过、损失情况等）。

(2) 事故原因（事实与分析）。

(3) 事故当事人责任认定。

(4) 安全管理建议。

(5) 其他有关情况。

根据以上各项规定来看，在海事调查取证、分析海事原因和认定事故责任之后，一项具体的海事处理工作就是完成海上交通事故调查报告、内河交通事故调查报告或者事故调查结论，撰写报告属于海事调查完毕后的书面总结工作。虽然上述法规对撰写事故调查报告书的工作范畴归属不一，但都表明事故调查报告是事故调查处理的一份重要的法定文件。

2. 海事调查报告的撰写

除了《国际海事调查规则》规定的海事调查报告应包含的基本内容外，目前还没有关于撰写海事调查报告统一的国际标准。下面是几个国家关于海事调查报告的要求。

澳大利亚交通运输安全委员会的海事调查报告要求包含以下内容：

①事故概述。

②事实陈述。

③评论和分析。

④结论。

⑤建议。

加拿大运输安全委员会的海事调查报告要求包含以下内容：

①提要。

②事实资料。

③分析。

④结论。

⑤建议。

德国联邦海上事故调查局的海事调查报告要求包含以下内容：

①事故概述。

②事故实况。

③船舶规范。

④航行或事故详情。

⑤调查。

⑥事故损失情况（大事故）。

⑦分析。

⑧评估（大事故）。

⑨结论和建议（大事故）。

我国《海上交通事故调查处理条例》中的海事调查报告的内容要求和《内河交通事故调查处理规定》中的内河交通事故调查报告、事故调查结论与其他国家的要求类似。为了便于对海事调查官员在处理水上交通事故时提供指导和统一做法，因此，2001年交通部海事局发布了《水上交通事故调查处理指南》，其中对海事调查报告的撰写内容做出具体规定，其内容应分为：

①摘要。

②事实描述。

③原因分析、结论和建议。

④附录。由于海事调查报告文书是海事调查处理工作的一份重要的法定文件，按照法规规定的调查报告内容要求并遵循一定的原则和格式，所编写的事故调查报告要能够充分体现海事执法的严肃性和海事调查的权威性。由此，2008年交通运输部海事局颁发《水上交通事故调查报告编写指南（试行）》专门对事故调查报告格式和具体内容做了规范。事故调查报告必备内容（简易报告除外）如下：

(1) 事故调查报告编号

位于调查报告左上角,前四位用 MAIR,中六位用海事局业务编码(见《关于印发海事机构业务应用编码的通知》海计建[2006]562 号),后六位为事故发生年份及调查报告流水号。

(2) 事故调查报告名称

事故调查报告名称要包含以下要素:辖区地名 + 发生月日 + 船舶名称(碰撞事故写双方名称) + 事故种类 + 事故调查报告。

(3) 事故和调查简况。

简要描述事故船名、国籍、起讫港、装载货物(名称、数量)或旅客情况、事故发生的时间、地点及事故损害、结果。

(4) 船舶、船员和船公司概况:

①船舶概况:船舶主要技术数据和情况、船舶检验情况、船舶安全检查或港口国监督检查情况、船舶有关情况。

②船员情况及当时值班船员资历、证书情况。

③船舶载货(客)情况。

④公司概况。

(5) 事故水域的通航环境情况:

①气象、海况等水文情况。

②事故水域通航环境情况。

③事故水域其他情况。

(6) 事故证据分析

对一些典型、重大、复杂的事故,当事故的原因需要准确的事故要素来支持时,调查人员应根据所获得的电子证据、船舶记录、船员询问笔录、技术鉴定和旁证材料等来分析确认这些事故要素。这些要素包括:事故发生时间、地点(水域)、碰撞角度,船舶载重、装载状况、稳性、绑扎情况、老旧程度,人员驾驶操作、疲劳程度、技术水平,通航实际状况和当时该水域的气象、海况等。

该部分内容与原因分析有密切联系,证据引用要有出处,分析、计算要有科学依据,引用的证据要表明在附件部分。

(7) 事故经过

事故经过是在调查取证的基础上经过分析认定的事故发生过程,其中许多内容是经过事故要素认定分析的情况。事故经过编写原则包括:经过为事实描述,不添加分析、评论内容;描述应能反映事件发展的全过程;按时间顺序、事件发展过程进行描述;对重要或关键部分需要侧重描述的内容,应附有示意图描绘事故经过;不能确认的事故经过,应明确表示是用不完整的证据经过推断而来。

(8) 搜救或救助简要情况

当事方船舶自救或互救情况,双方各自采取的救助措施,搜救或救助情况的描述应简明扼要,包含的要素包括:求助信息的发出与接收、搜救行动的启动、搜救行动中采取措施等;应对搜救行动有效性进行评估。

(9)事故经济损失和人员伤亡情况

(10)事故原因分析

水上交通事故原因分析是运用逻辑和推理,在事实与结论之间建立联系,探索事故为什么会发生的过程。即根据调查所获得的事故事实,建立事故发生、发展与结果的事件链,从中找出事故发生的各种原因。

(11)事故责任判定和结论

事故责任判定是指根据事故直接原因,认定事故当事人的行为违背有关水上运输法律法规、规章或国际公约、规则的责任,以及根据事故间接原因认定有关人员、船公司、管理部门等违背有关水上运输安全法规或国际公约、规则的责任。事故结论是综合表述上述过失行为,认定哪一方应对事故负主要责任、次要责任、全部责任或双方负对等责任。交通运输部海事局组织调查结案的事故一般不划分责任,责任划分由辖区海事局具体实施。

(12)安全管理建议

根据查明的事故发生原因,向船舶、公司以及有关管理部门提出有针对性地加强安全管理的建议。

(13)附件

附件包括:调查组成员和日期、专家论证结果、技术部门鉴定书、行政处罚建议、有关示意图、船舶图、海图或航道图、原因链分析图、事故照片、文中引用的证据等。

海事调查报告要通过公告的形式,传达给相关部门和人员,通过阅读、学习,才能发挥其增进安全的作用,因此,海事调查报告通常应该言简意赅、通俗易懂、事实清楚。

海事调查报告内容的选择应遵循以下原则:

(1)能够重建事故发生的过程,建立起事故、事件链。

(2)能够建立事故的原因链。

(3)能够建立事实与结论之间的联系。

(4)能够建立事故原因与安全管理建议之间的联系。

三、海事信息的发布

根据海事调查所获得的事故发生的原因、应吸取的经验教训和提出的安全管理建议等信息必须让船员、船公司安全管理人员、船舶设计建造人员、船员教育和培训人员、从事海上安全研究的人员,以及制定政策的相关部门和行业管理部门等都详细了解海事信息,也就是使海事调查报告能够广泛的传播,尤其是在航运业界内广泛传播,以最大限度地使公众了解事故的真相,保证水上交通事故调查处理的公正性和客观性,并使船舶管理者能够从事故中汲取教训,针对报告中提出的安全建议,提升自身的安全管理水平,从而实现海事调查的最终目的——防止类似事故再次发生,增进海上安全。

国际海事组织非常重视海事信息发布工作,海上安全委员会船旗国履约分委会,在2013年11月国际海事组织第28届大会上更名为国际海事组织履行公约文件分委会,负责海事的统计和海事信息发布。国际海事组织A.849号决议中要求各国互相交换海事信息,发布海事调查报告。就国外情况来看,对海事进行正式调查的事故调查报告书一律公开出版,而加拿大、日本等国对进行了初步调查的海事事故调查报告书也一律公开出版。

《中华人民共和国海上交通安全法》、《海上交通事故调查处理条例》、《中华人民共和国内河交通安全管理条例》和《内河交通事故调查处理规定》没有对海事局关于公布《海上交通事故调查报告书》事宜做出明确规定。

随着我国法制建设进程的逐步深入,要求执法活动越来越透明。《中华人民共和国安全生产法》(2014年修订)第八十三条规定,事故调查处理应当按照科学严谨、依法依规、实事求是、注重实效的原则,及时、准确地查清事故原因,查明事故性质和责任,总结事故教训,提出整改措施,并对事故责任者提出处理意见,事故调查报告应当依法及时向社会公布。第八十六条规定,县级以上地方各级人民政府安全生产监督管理部门应当定期统计分析本行政区域内发生生产安全事故的情况,并定期向社会公布,而且就海事调查结果的公开交通部海事局已有相应的规定。

2014年交通运输部海事局发布了《关于水上交通事故调查报告公开工作的通知》(海安全[2014]681号),对水上交通事故调查报告公开的相关事宜做了具体规定。

(1) 公开内容

水上交通事故调查报告原则上应全文公开。水上交通事故调查报告公开不得涉及国家秘密、商业秘密、个人隐私,但是经权利人同意公开或者如果不公开可能对公共利益造成重大影响的涉及商业秘密、个人隐私的可以公开。

(2) 保密审查

水上交通事故调查报告公开前,应当按照《中华人民共和国保守国家秘密法》以及其他法律、法规和国家有关规定,按照"谁公开、谁负责信息审查,谁公开、谁负责解释疑惑"的原则对内容进行审查。

(3) 公开时限

水上交通事故调查报告应在结案(海上事故)或出具责任认定书(内河事故)后20个工作日内予以公开。

(4) 公开方式

可以利用官方网站、政务微博、微信等传播平台,新闻发布会、白皮书等传播渠道以及报刊、电视、广播等新闻媒体,公开水上交通事故调查报告,确保公众及时知晓和获取公开的海事信息,同时,可利用新闻发布会、政府热线电话等渠道,接受和答复公众询问,回应公众关切。

水上交通事故调查报告公开后,应在事故档案中备注公开的方式和途径。

(5)公开职责

各级海事部门按照"谁调查、谁负责"的原则分别做好水上交通事故调查报告公开工作。

(6)公开范围

事故调查报告应逐步公开。2014年1月1日以后发生的重大水上交通事故[事故等级按照《水上交通事故统计办法》(交通运输部令第15号)划分,不含操作性污染事故,下同]的调查报告应全部公开。

原则上2015年1月1日后交通运输部海事局挂牌督办的事故调查报告应全部公开。

尽管航运国家和相关组织关于海事信息的发布形式、发布内容不尽相同,各自的目的也不尽相同,但是确保海事信息发布的有效性,更好地为海上安全服务的基本目的是一样的。海事信息的发布方式可以是通过公开发行的报刊、杂志或主管机关网站进行公开,也可以通过公告、通信和汇编的方式发布。发布的内容可以是一起正式的调查报告,事故统计分析结论,也可以是安全摘要、建议、可吸取的教训等内容。

第三节 海事调查处理中的行政处罚

一、海事调查处理中的行政处罚规定

纵观当今世界海事调查的性质,一种是以调查事故发生的根本原因为目的,分析影响事故发生的各种因素,包括外在因素、内在因素、人为因素等,以期找到防止事故发生的措施,这种事故调查的性质是安全调查;另外一种就是以判明事故方的责任为目的,分析事故发生的原因是为了在事故责任的判定中决定责任方的错误比例,这种事故调查有行政性质,或者民事或刑事调查的一部分。根据我国海事调查相关法律法规的性质,我们国家的海事调查属于后者。

海事的发生往往伴随着当事方和当事人的违法事实,查明了事故的事实,当事方与当事人的违法事实也就清楚了。违法是指当事方和当事人违反法律规定从而给社会造成某种危害的有过错行为,例如违章航行、造成水上交通事故等。违法依其性质与危害的程度不同,可分为刑事违法(犯罪)、民事违法和行政违法。海事局属于国家行政机关,在进行海事调查过程中,船员、船舶所有人或经营人如果违反《海上交通事故处理条例》,对事故瞒报、谎报,无理阻挠事故调查等应受到行政处罚。经调查后,如确定当事方及相关人员有行政违法行为,可以依法追究其行政责任,并给予行政处罚。对于涉及人员违反交通管理法规造成重大责任事故,以及肇事逃逸的海上交通事故案件,根据《中华人民共和国刑法》第一百三十三条,依照《行政执法机关移送涉嫌犯罪案件的规定》移送检察机关。

《中华人民共和国海上交通安全法》给出了海事调查处理中行政处罚的基本规定(第十

章四十四条),即对违反海上交通安全法的,海事局可视情给予警告、扣留或吊销职务证书、罚款中的一种或几种处罚。

《海上交通事故调查处理条例》将海事调查处理中的行政处罚规定进一步明确化。该条例第十七条规定,对海上交通事故的发生负有责任的人员,海事局可以根据其责任性质的程度依法给予下列处罚:

(1)对中国籍船员、引航员或设施上的人员,可以给予警告,罚款或扣留、吊销职务证书。

(2)对外国籍船员或设施上的工作人员,可以给予警告、罚款或将其过失通报其所属国家的主管机关。第十八条规定,对海上交通事故的发生负有责任的其他人员及船舶、设施的所有人或经营人,需要追究其行政责任的,由海事局提交其主管机关或行政监察机关处理。

为规范海上海事行政处罚行为,保护当事人的合法权益,保障和监督海上海事行政管理,维护海上交通秩序,防止船舶污染水域,根据《中华人民共和国海上交通安全法》、《中华人民共和国海洋环境保护法》、《行政处罚法》及其他有关法律、行政法规,交通运输部于2014年11月20日通过,并于2015年7月1日实施《中华人民共和国海上海事行政处罚规定》。该处罚规定对海上海事行政中的行政处罚的适用原则、适用范围、处罚分类、管辖权限、处理程序等事宜都做出了明确具体的规定。第二章(海事行政处罚适用)第八条规定,海事行政违法行为的当事人有下列情形之一的,应当依照《行政处罚法》第二十七条的规定,从轻或者减轻给予海事行政处罚:

(1)主动消除或者减轻海事行政违法行为危害后果的。
(2)受他人胁迫实施海事行政违法行为的。
(3)配合海事管理机构查处海事行政违法行为有立功表现的。
(4)法律、行政法规规定应当依法从轻或者减轻行政处罚的情形。

第九条规定,海事行政违法行为的当事人有下列情形之一的,应当从重处以海事行政处罚:

(1)造成较为严重后果或者情节恶劣。
(2)一年内因同一海事行政违法行为受过海事行政处罚。
(3)胁迫、诱骗他人实施海事行政违法行为。
(4)伪造、隐匿、销毁海事行政违法行为证据。
(5)拒绝接受或者阻挠海事管理机构实施监督管理。
(6)法律、行政法规规定应当从重处以海事行政处罚的其他情形。

二、海事调查处理涉及的海事行政违法行为和处罚

《海上海事行政处罚规定》第三章(海事行政违法行为和行政处罚)第九节(违反交通事故调查处理秩序)第六十一条规定,违反《海上交通事故调查处理条例》规定,有下列行为之一的,依照《海上交通事故调查处理条例》第二十九条和《船员条例》第五十七条的规定予以

处罚：

(1) 发生海上交通事故，未按规定的时间向海事管理机构报告或提交"海上交通事故报告书"。

(2) 中国籍船舶在中华人民共和国管辖水域以外发生海上交通事故，船舶所有人或经营人未按《海上交通事故调查处理条例》第三十二条规定向船籍港海事管理机构报告，或者将判决书、裁决书或调解书的副本或影印件报船籍港的海事管理机构备案。

(3) 发生海上交通事故，未按海事管理机构的要求驶往指定地点，或者在未发现危及船舶安全的情况下未经海事管理机构同意擅自驶离指定地点。

(4) 发生海上交通事故，报告的内容或"海上交通事故报告书"的内容不符合《海上交通事故调查处理条例》第五条、第七条规定的要求，或者不真实，影响事故调查或者给有关部门造成损失。

(5) 发生海上交通事故，不按《海上交通事故调查处理条例》第九条的规定，向当地或者船舶第一到达港的船舶检验机构、公安消防监督机关申请检验、鉴定，并将检验报告副本送交海事管理机构备案，影响事故调查。

(6) 拒绝接受事故调查或无理阻挠、干扰海事管理机构进行事故调查的。

(7) 在接受事故调查时故意隐瞒事实或者提供虚假证明。

存在前款第(1)项行为的，对船员处以警告或者1 000元以上1万元以下罚款，情节严重的，并给予扣留船员服务簿、船员适任证书6个月至24个月直至吊销船员服务簿、船员适任证书的处罚；对船舶所有人或者经营人处以警告或者5 000元以下罚款。存在前款第(2)项至第(7)项情形的，对船员处以警告或者200元以下罚款；对船舶所有人或者经营人处以警告或者5 000元以下罚款。

第六十二条规定，违反《海上交通事故调查处理条例》第三十三条，派往外国籍船舶任职的持有中华人民共和国船员适任证书的中国籍船员对海上交通事故的发生负有责任，其外派服务机构未按照规定报告事故的，依照《中华人民共和国海上交通安全法》第四十四条规定，对船员外派服务机构处以1 000元以上1万元以下罚款。

三、行政处罚的管辖

海事行政处罚案件由海事行政违法行为发生地的海事管理机构管辖，海事行政违法行为发生地，包括海事行政违法行为的初始发生地、过程经过地、结果发生地。

第六十四条规定，各级海事局所属的海事处管辖本辖区内的下列海事行政处罚案件：

(1) 对自然人处以警告、1万元以下罚款、扣留船员适任证书3个月至6个月的海事行政处罚。

(2) 对法人或者其他组织处以警告、3万元以下罚款的海事行政处罚。

各级海事局管辖本辖区内的所有海事行政处罚案件。对海事行政处罚案件管辖发生争议的，报请共同的上一级海事管理机构指定管辖。下级海事管理机构对其管辖的海事行政处罚案件,认为需要由上级海事管理机构办理的,可以报请上级海事管理机构决定。海事管理机构对不属其管辖的海事行政处罚案件,应当移送有管辖权的海事管理机构;受移送的海事管理机构如果认为移送不当,应当报请共同的上一级海事管理机构指定管辖。上级海事管理机构自收到解决海事行政处罚案件管辖争议或者报请移送海事行政处罚案件管辖的请示之日起7日内做出管辖决定。移送案件的海事管理机构所取得的证据,经受移送的海事管理机构审查合格的,可以直接作为受移送的海事管理机构实施行政处罚的证据。

四、简易程序和一般程序

第六十九条规定,海事行政违法事实确凿,并有法定依据的,对自然人处以警告或者处以50元以下罚款,对法人或其他组织处以警告或者1 000元以下罚款的海事行政处罚的,可以当场做出海事行政处罚决定。

海事行政执法人员依法当场做出海事行政处罚决定,应当遵守下列程序:

(1)向当事人出示海事行政执法证件。

(2)告知当事人作出海事行政处罚决定的事实、理由和依据以及当事人依法享有的权利。

(3)听取当事人的意见。

(4)复核当事人提出的事实、理由和证据。

(5)填写预定格式、统一编号的海事行政处罚决定书。

(6)将海事行政处罚决定书当场交付当事人。

(7)当事人在海事行政处罚决定书副本上签字。

海事行政执法人员依法当场作出海事行政处罚决定的,应当在3日内将海事行政处罚决定书副本报所属海事管理机构备案。

第七十二条规定,实施海事行政处罚,除适用简易程序的,应当适用一般程序。

海事管理机构发现自然人、法人或者其他组织有依法应当处以海事行政处罚的海事行政违法行为,应当自发现之日起7日内填写海事行政处罚立案审批表,报本海事管理机构负责人批准。发生水上交通事故应当处以海事行政处罚的,应当自水上交通事故调查结束之日起7日内填写海事行政处罚立案审批表,报本海事管理机构负责人批准。海事管理机构对海事行政处罚案件,应当全面、客观、公正地进行调查并收集证据。所谓证据,指的是能够证明海事行政处罚案件真实情况的事实。

进行海事行政处罚案件的调查或者检查,应当由2名以上海事行政执法人员担任调查人员。海事行政处罚案件调查结束后,应当制作海事行政处罚案件调查报告,连同证据材料和经批准的海事行政违法案件立案审批表,移送本海事管理机构负责法制工作的内设机构进行预审。

海事管理机构负责法制工作的内设机构预审完毕后,应当根据下列规定提出书面意见,报本海事管理机构负责人审查:

(1)违法事实清楚,证据确凿、充分,行政处罚适当、办案程序合法,按规定不需要听证或者当事人放弃听证的,同意负责行政执法调查的内设机构的意见,建议报批后告知当事人。

(2)违法事实清楚,证据确凿、充分,行政处罚适当、办案程序合法,按照规定应当听证的,同意调查人员意见,建议报批后举行听证,并告知当事人。

(3)违法事实清楚,证据确凿、充分,但定性不准、适用法律不当、行政处罚不当的,建议调查人员修改。

(4)违法事实不清,证据不足的,建议调查人员补正。

(5)办案程序不合法的,建议调查人员纠正。

(6)不属于本海事管理机构管辖的,建议移送其他有管辖权的机关处理。

海事管理机构负责人审查完毕后,应当根据《行政处罚法》第三十八条的规定作出行政处罚决定、不予行政处罚决定、移送其他有关机关处理的决定。

对自然人罚款或者没收非法所得数额超过1万元,对法人或者其他组织罚款或者没收非法所得数额超过3万元,以及撤销船舶检验资格、没收船舶、没收或者吊销船舶登记证书、吊销船员职务证书、吊销海员证的海事行政处罚,海事管理机构的负责人应当集体讨论决定。

海事管理机构负责人对海事违法行为调查报告审查后,认为应当处以行政处罚的,海事管理机构应当制作海事违法行为通知书送达当事人,告知拟处以的行政处罚的事实、理由和证据,并告知当事人有权在收到该通知书之日起3日内进行陈述和申辩,对依法应当听证的告知当事人有权在收到该通知书之日起3日内提出听证要求。

当事人不在场的,应当依法采取其他送达方式将海事违法行为通知书送达当事人。送达方式可以是委托送达、邮寄送达、留置送达、公告送达等《民事诉讼法》规定的方式。

当事人提出陈述和申辩的,海事管理机构应当充分听取,并对当事人提出的事实、理由和证据进行复核;当事人提出的事实、理由或者证据成立的,海事管理机构应当采纳。当事人要求组织听证的,海事管理机构应当组织听证。当事人逾期未提出陈述、申辩或者逾期未要求组织听证的,视为放弃有关权利。

海事行政处罚案件应当自立案之日起2个月内办理完毕。因特殊需要,经海事管理机构负责人批准可以延长办案期至3个月。如3个月内仍不能办理完毕,经上一级海事管理机构批准可再延长办案期间,但最长不得超过6个月。

五、听证程序

在做出较大数额罚款(指对自然人处以1万元以上罚款,对法人或者其他组织处以10万元以上罚款)、吊销证书的海事行政处罚决定之前,海事管理机构应当告知当事人有要求举行听证的权利;当事人要求听证的,海事管理机构应当组织听证。

海事管理机构的听证人员包括听证主持人、听证员和书记员。听证主持人由海事管理机构负责人指定本海事管理机构负责法制工作的机构内非本案调查人员担任。听证员由海事管理机构负责人指定 1~2 名本海事管理机构的非本案调查人员担任，协助听证主持人组织听证。书记员由海事管理机构负责人指定 1 名非本案调查人员担任，负责听证笔录的制作和其他事务。当事人有正当理由要求延期举行听证的，经海事管理机构批准，可以延期一次。

听证结束后，主持人应当依据听证情况制作海事行政处罚听证报告书，连同听证笔录报海事管理机构负责人审查后，应当根据《行政处罚法》第三十八条的规定作出行政处罚决定、不予行政处罚决定、移送其他有关机关处理的决定。

六、执行程序

如果是缴纳罚款，则以人民币计算，并向当事人出具符合法定要求的罚款收据。当事人无正当理由逾期不缴纳罚款的，海事管理机构依法每日按罚款数额的 3% 加以处罚。

如被处以扣留证书的，当事人应当及时将被扣留证书送交作出处罚决定的海事管理机构。扣留证书期满后，海事管理机构应当将所扣证书发还当事人，也可以通知当事人领取被扣证书。被处以扣留、吊销证书，当事人拒不送交被扣留、被吊销的证书的，海事管理机构应当公告该证书作废，并通知核发证书的海事管理机构注销。

海事管理机构对船员处以海事行政处罚后，应当予以记载。对当事人处以没收船舶处罚的，海事管理机构应当依法处理所没收的船舶。当事人在法定期限内不申请复议或提起诉讼，又不履行海事行政处罚决定的，海事管理机构依法申请人民法院强制执行。

七、监督程序

自然人、法人或者其他组织对海事管理机构作出的行政处罚有权申诉或者检举。自然人、法人或者其他组织的申诉或检举，由海事管理机构负责法制工作的内设机构受理和审查，认为海事行政处罚有下列情形之一的，经海事管理机构负责人同意后，予以改正：

（1）主要事实不清、证据不足的。
（2）适用依据错误的。
（3）违反法定程序的。
（4）超越或滥用职权的。
（5）具体行政行为明显不当的。

海事管理机构和海事行政执法人员违法实施行政处罚的，按照《行政处罚法》有关规定追究法律责任。

第四节　海事引起的民事纠纷的调解

一、海事管理机构调解民事纠纷的相关规定

调解,是指双方当事人以外的第三者以国家法律、法规和政策以及社会公德为依据,对纠纷双方进行教育疏导和劝说,促使他们相互谅解,进行协商,自愿达成协议,解决纠纷的活动。

海事行政调解是海事管理机构依据法律法规,对特定的海事争端进行调解。调解必须遵循自愿、公平的原则,不得强迫。现行海事行政法律中,主要包括对水上交通事故和船舶污染事故引发纠纷的两类调解。

《中华人民共和国海上交通安全法》第四十六条规定,因海上交通事故引起的民事纠纷可以由主管机关调解处理,不愿调解或调解不成的,当事人可以向人民法院起诉;涉外案件的当事人,还可以根据书面协议提交仲裁机构仲裁。这条规定是对海事管理机构调解处理海事引起的民事纠纷的法律依据,亦是对海事管理机构调解处理海事引起的民事纠纷的授权。

《海上交通事故调查处理条例》第五章(调解)中第二十条至第二十八条共九条涉及港务监督(海事管理机构)调解。

第二十条规定,对船舶、设施发生海上交通事故引起的民事侵权赔偿纠纷,当事人可以申请港务监督调解;调解必须遵循自愿、公平的原则,不得强迫。

第二十一条规定,凡当事人已就海事引起的民事纠纷向海事法院起诉或申请海事仲裁机构仲裁的,当事人不得再申请海事管理机构调解。

第二十二条规定,调解由当事人各方在事故发生之日起 30 日内向负责该事故调查的海事管理机构提交书面申请;海事管理机构要求提供担保的,当事人应附经济赔偿担保证明文件。

第二十三条规定,经调解达成协议的,海事管理机构应制作调解书;调解书应写明当事人的姓名和名称、住所、法定代表人或代理人的姓名及职务、纠纷的主要事实、当事人的责任、协议的内容、调解费的承担、调解协议达成的期限;调解书由当事人各方共同签字,并经海事局盖印确认;调解书应交当事人各持一份,海事管理机构留存一份。

第二十四条规定,调解达成协议的,当事人各方应当自动履行。达成协议后当事人翻悔的或逾期不履行协议的,视为调解不成。

第二十五条规定,凡向海事管理机构申请调解的民事纠纷,当事人中途不愿调解的,应向海事管理机构递交撤销调解的书面申请,并通知对方当事人。

第二十六条规定,海事管理机构自收到调解申请书之日起 3 个月内未能使当事人各方

达到调解协议的,可以宣布调解不成。

第二十七条规定,不调解或调解不成的,当事人可以向海事法院起诉或申请海事仲裁机构仲裁。

第二十八条规定,凡申请海事管理机构调解的,应向海事管理机构交纳调解费。经调解达成协议的,调解费按当事人过失比例或约定的数额分摊;调解不成的,由当事人各方平均分摊。

《防治船舶污染海洋环境管理条例》(自2010年3月1日起施行)第五十七条规定,对船舶污染事故损害赔偿的争议,当事人可以请求海事管理机构调解,也可以向仲裁机构申请仲裁或者向人民法院提起民事诉讼。

新的《中华人民共和国内河交通安全管理条例》(2002年8月1日施行)对水上交通事故的调查取证、善后处理等做了明确规定,却删除了原条例中与水上交通事故调解有关的内容。

2014年8月18日交通运输部海事局印发《海事调解管理办法》(海安全[2014]513号)(共二十条,五个附表),办法自印发之日起实施。该办法适用于中国管辖水域内因水上交通事故(含船舶污染事故)引发的民事纠纷,已提起(经)民事诉讼或仲裁的民事纠纷案件,不适用该办法。办法规定海事调解工作应当以水上交通事故调查的事实为基础、相关法律法规为依据,坚持自愿、公平、公正和公开的原则。

海事调解工作原则上由负责调查事故的海事管理机构受理和主持,主持人应持有海事调查官证书。根据实际工作需要,上级海事管理机构可指定海事管理机构主持调解工作。被指定的海事管理机构可向负责调查的海事管理机构调取相关调查材料,相关的海事管理机构应予配合。

《海事调解管理办法》第五条规定,海事调解免费,这一规定与《海上交通事故调查处理条例》二十八条有了明显的改进,体现《海事调解管理办法》便民、为民的原则。海事调解可以通过电话、邮件、书面和现场开展,但达成协议后,应在当事各方的见证下共同签订海事调解协议书。海事调解终止或不成的,海事管理机构不再受理海事调解申请。

二、海事管理机构调解民事纠纷的基础及特点

在法院调解和司法判决中,一般以"查明原因、判明责任"为前提来处理民事纠纷。但在我们海事部门直接参与民事纠纷的调解中,《中华人民共和国海上交通安全法》、《海上交通事故调查处理条例》、《防治船舶污染海洋环境管理条例》以及《海事调解管理办法》规定了海事管理机构可以在双方当事人自愿的基础上对事故引起的民事纠纷进行调解,但条例中并没有将"查明原因、判明责任"作为调解的基础,不利于海事管理机构调解工作的进行,也有可能造成责任与赔偿不一致现象。海事管理机构调解在调解海事引起的民事纠纷前调解人员对调查的水上交通事故的基本情况、原因、责任等重要要素必须达成一致、统一思想,同时组织既具有较强的专业知识又熟悉市场价格的人员参与调解估损。在进行调解民事纠纷时应借鉴法院的调解工作,必须以事实为根据、以法律为准绳,即调解以"查明事实,判明责任"为前提下进行调解工作。

当事人申请海事管理机构调解民事纠纷,与当事人通过法院调解或裁决,或通过仲裁机构调解或仲裁,或当事人通过律师调解,或当事人自己和解民事纠纷这几种方式相比较,具有许多有利的条件。因为海事管理机构依法负责海事的调查处理工作,调查取证及时、迅速、方便,掌握事故经过及其原因的大量证据材料,而且由它调解不必经过烦琐的司法程序,所以不会使案件周折太多而造成人力、财力和时间上的浪费,可以迅速地、及时地解决纠纷。

海事管理机构调解民事纠纷的另一特点是通过海事管理机构调解而达成的解决民事纠纷的协议不具有法律效力,即对当事人双方无法定约束力。如达成调解协议后一方或双方反悔而不履行协议,只有通过法律诉讼或仲裁解决。从人们办事先易后难和先简单后复杂的习惯做法考虑,海事管理机构调解不具有法律效力并不影响当事人自愿申请海事管理机构调解。值得提出的是,有些海事管理机构因海事部门调解没有法定约束力而不愿做民事纠纷的调解工作,而希望把有限的人力和精力放在海事调查处理工作上。从《中华人民共和国海上交通安全法》、《海上交通事故调查处理条例》和《海事调解管理办法》的规定看,只要当事人自愿申请海事管理机构调解,海事部门是不能拒绝受理的,因为海事管理机构调解因海事引起的民事纠纷不仅是一项权利,也是一项义务。

三、海事管理机构调解民事纠纷的程序

我国的海事调解在《海事调解管理办法》中,对调解因海事引起的民事纠纷的程序有了较具体的规定。

1. 申请

由当事各方向具有管辖权的海事管理机构提出,并提出书面申请。注意海事调解申请人应当在事故发生之日起1个月内提出海事调解申请,逾期不再受理。

2. 受理

海事管理机构决定受理后,应当向涉案的当事方签发海事调解受理通知书。海事管理机构正式受理后,应当与当事方协商海事调解方式及时间,调解可以通过电话、邮件、书面和现场开展,并通知所有当事方参加海事调解协商。

3. 确定参与调解的人员

海事调解工作应当由2名或以上海事执法人员实施,其中1人负责主持、1人负责记录。主持人员应当持有海事调查官证书。涉案所有当事方都应当参加海事调解协商,委托代理人参加的,应当委托合适人员持委托函及身份证件参加。任一当事方不允许超过2人参加。

4. 调解程序

(1)主持人介绍事故案情、事故发生原因、当事方事故损失情况及当事方依法享有权利和义务。

(2)当事方逐一申辩,提出所承担民事责任建议,并可递交用于证明事故责任的事实证据。

(3)主持人在事故发生原因调查、相关法律法规基础上,充分考虑当事方的申辩情况,提出各方应当承担的民事责任比例建议。

(4)调解不成的,可在有效期内继续调解;调解成功的,当事各方应当签订海事调解协议书。统一格式的海事调解协议书内容包括:

①案由。

②案情及事故原因简介。

③经由海事局达成的协议具体内容。

④完成赔付时间。

⑤当事人签字和主持人签字,记载主持人执法证号码等。

(5)海事调解结束后,海事调解人员应当简要记录调解过程及结果,填写海事调解记录表。

调解应当自正式启动调解之日起3个月内完成。经所有当事方申请,所受理的海事管理机构决定,可延长不超过1个月。

海事调解工作往往不能进行一次就能成功,常需要反复地向各方当事人做工作,甚至要在多次调解工作之后才能达成协议。但是如果双方各持己见,分歧太大,调解期限内无法达成调解协议或者达成调解协议但当事方未履行协议的,视为调解不成。在调解过程中,当事方申请仲裁或者向人民法院提起诉讼的,或者因其他原因中途退出调解的,应当及时通知海事管理机构,海事管理机构应当终止调解,并及时通知其他当事人。海事调解终止或不成的海事管理机构不再受理海事调解申请。建议双方当事人向人民法院起诉,或提请仲裁机构仲裁。

第五节　海事签证与水上交通事故调查处理

一、船舶签证和海事签证概述

船舶签证是海事管理部门对进出港口的中国籍船舶实施行政监督管理的重要手段。1979年3月22交通部颁发的《船舶进出港口签证管理办法》,第一次明确了船舶签证的管理要求,1983年颁布的《中华人民共和国海上交通安全法》将这一管理内容纳入其中,正式确立了船舶签证制度。1991年3月27日交通部第27号部令颁布的《中华人民共和国进出船舶内河港口签证管理规则》,1993年颁布的《中华人民共和国进出港口船舶签证规则》对船舶签证制度做了进一步的规范。

2007年,依据《中华人民共和国海上交通安全法》和《中华人民共和国内河交通管理条例》，制定了《中华人民共和国船舶签证管理规则》（交通部令2007第7号）（2007年10月1日施行），适用国内航行船舶在中华人民共和国管辖水域内办理船舶签证。

2013年，中华人民共和国海事局依据《中华人民共和国船舶签证管理规则》，制定了《国内航行海船电子签证办法》[海船舶(2013)855号]（2014年1月1日起施行），并印发《国内航行海船电子签证试运行实施方案》[海船舶(2013)872号]，要求2014年2月1日起在全国沿海地区全面实施海船电子签证，提升海事公共服务水平。

2015年，中华人民共和国海事局印发《关于在国内航行海船和珠江内河船舶全面实施电子签证的通知》[海船舶(2015)65号]，要求2015年全国实施船舶进出港报告制度，实施范围为所有国内航行海船（含客船、客滚船、高速客船、旅游船）以及珠江内河航行船舶。

由此，船舶签证制度逐步转变为船舶进出港报告制度。

海事签证有别于船舶签证，它是海事管理部门的海事处理工作之一，也是一项国际通行的习惯做法。为促进水上运输事业的发展，保护当事人的合法权益，规范海事签证工作，根据有关国际惯例相关规定，结合我国现状，于1995年制定了《船舶海事签证办法》（港监字[1995]230号)（自1995年10月1日起施行），并对海事签证的性质、内容、范围和程序进行了规范。

《船舶海事签证办法》第三条规定，中华人民共和国港务监督局是海事签证的主管机关。各地港务监督(含港航监督)机构是海事签证的承办机关，也就是说海事管理机构是海事签证的主管机关和承办机关。第四条、第五条规定，海事签证是指签证机关应船方申请办理海事签证时，对其提交的海事声明、延伸海事声明，海事报告和与船舶有关的其他海事文书的内容进行初步核查，签证"准予备查"以证明船方确向签证机关申报过有关海事的公证性行为。

当船舶遭遇或经历了不良事件、影响或可能影响到本船的利益时，为达到免责、索赔或者在后续的工作中处于有利地位的目的，船舶通常会主动向签证机关呈交申请报告并附带相应材料来说明事件的经过，阐明自己的立场，以便事先得到签证机关对报告内容的认可。由于经主管机关签证的报告文书或证件证明的材料具有证据或初步证据的效力，成为持有者申述、主张其权力的文件依据，也成为承运人主张免责、宣布共同海损和船、货方向保险人索赔的重要证明文件。

二、海事签证的海事文书

1. 海事声明

海事声明是指船长就船舶遭遇恶劣天气或意外事故引起或可能引起的船舶、货物损害或灭失情况，在船舶抵港后递交的声明。

2. 延伸海事声明

延伸海事声明是指海事声明提出后，在合理时间内递交更为具体、详细的补充声明。

3. 海事报告

海事报告是指船舶发生事故后，向签证机关递交并要求办理签证的书面报告。

4. 船舶海事文书

船舶海事文书是与船舶有关的文书,如航海日志、轮机日志、车钟记录簿、海图、船舶接收的气象图等。

5. 申报文书主要内容

(1)船舶名称、国籍、船籍港、船舶登记号、所有人和经营人名称。

(2)船舶的主要技术资料、出发港和目的港、客货情况。

(3)申报事项的时间、地点、气象、海况,所采取的措施及损坏等情况。

三、海事签证的申报

船方申报海事签证应遵守下列规定:

(1)海事声明书应在船舶抵港后二十四小时内递交当地签证机关。

(2)船舶抵港前已发生或可能引起船舶或货物损害的,必须在开舱卸货前将申报文书递交给签证机关或先行将其内容用电报、电传等形式通知签证机关。

(3)如船舶、货物已遭受损害,当事人应申请检验部门进行检验或鉴定,并将检验或鉴定结果报送海事局。

(4)海事报告书不得少于一式三份,在《海上交通事故调查处理条例》规定的时间期限内递交,同时附送航海日志、车钟记录簿等有关资料的摘录或其影印本。

(5)申报文书必须使用中文或英文。

(6)申报文书和资料必须全面、真实。

(7)船长必须在其所申报文书和附件上签字和加盖船章,并应有不少于2个见证人的签字。

四、海事签证的程序

签证机关在收到当事人的申报后,还要对当事人的申报内容进行核查,以确认申报的文书是否符合格式,当事人是否提供了必要的证据材料,是否违反国家法律法规。如果有,可责令申报人改正,也可以拒绝签证或进行必要的处理。若签证机关认为有必要,可对当事人申报的有关内容进行调查、搜集证据。对上述事宜,船方应予配合和协助。

签证机关对当事人的申报进行审查、核对或调查之后,签证机关对当事船舶的申报文书,除拒签的以外,应给予加盖"准予备查章"、"海事签证章"、"骑缝章"和签证人签名的签证,必要时根据不同情况给予相应内容的批注。各签证机关必须建立海事签证登记簿,以记载签证文书的主要内容、签证序号和签证日期,并留一签证文书副本存档,其程序流程如图9-1所示。

五、海事签证与水上交通事故调查处理

海事签证与事故调查处理都属于海事管理机构的工作范畴,两者有着密切的联系。一

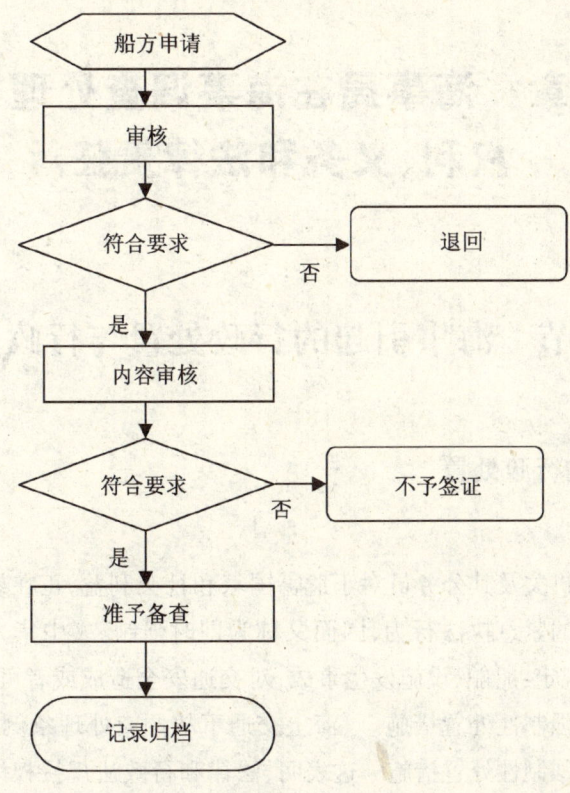

图 9-1 海事签证程序流程

方面,当海事调查人员进行水上交通事故调查工作时,船方申请海事签证的相关文书资料或附属资料在时间上处于事故发生之前或期间,因此,它对了解事故发生时船舶的空间位置、交通环境条件、自然环境、气象环境和事故的起因有十分重要的意义,也可以作为海事调查证据。另一方面,海事签证只是对船方就船舶遭遇恶劣天气、意外事故引起或可能引起的船舶、货物损害、灭失情况所递交的声明或是船舶发生事故后所递交的书面报告进行核查,予以签证。而事故调查处理是在此基础上更进一步对海事签证涉及的水上交通事故做全面的调查、取证,并最终得出事故发生的原因并判明责任的行政行为。

海事签证是船方提供相关文书以证明该船舶确实经历遭遇了恶劣天气、意外事故或发生了海事,着重的是描述事情的发生过程。而事故调查处理是通过调查、取证分析事故的原因和责任,着重的是查明原因、判明责任。

海事签证的相关文书,在司法诉讼中是否可以作为证据,必须经由法庭确定。虽然我国的船舶保险界对被保险船舶经过海事机构签证的海事文书是予以认可的,但也一般作为初步证据或证据参考。而最高人民法院民事审判第四庭、中国海事局《关于规范海上交通事故调查与海事案件审理工作的指导意见》(法民四(2006)第 1 号)在关于海事调查和诉讼部分规定,海上交通事故当事人在海事局事故调查中签字确认的调查材料,除非有相反的证据和理由,海事法院可以作为证据采信;海事调查报告及其结论意见可以作为海事法院在案件审理中的诉讼证据,除非有充分事实证据和理由足以推翻海事调查报告及其结论意见。

第十章　海事局在海事调查处理中的权利、义务和法律责任

第一节　海事引起的行政处置与行政命令

一、海事引起的行政处置

1. 海事行政处置概念

行政处置是行政机关及其公务员对于危害国家和社会利益,正在妨碍或将要妨碍国家行政秩序的活动所做的紧急执法行为,因而又称为即时强制。《中华人民共和国海上交通安全法》第三十一条规定:船舶、设施发生事故,对交通安全造成或者可能造成危害时,主管机关有权采取必要的强制性处置措施。《海上交通事故调查处理条例》第十九条也规定海事局可以采取必要的强制性处置措施。这表明,法律和行政法规授权海事局在海事发生后可视当时情况采取行政处置措施。

2. 海事行政处置对象

海事的行政处置主要针对在中华人民共和国管辖沿海水域及相关陆域,或者在其管辖沿海水域及相关陆域外的船舶、浮动设施所有人或经营人违反《中华人民共和国海上交通安全法》、《海洋环境保护法》、《行政处罚法》和《中华人民共和国海上海事行政处罚规定》等相关法律法规,使船舶未按照国务院交通主管部门的规定配备船员擅自航行,或者使浮动设施未按照国务院交通主管部门的规定配备掌握水上交通安全技能的船员擅自作业,海事主管部门可以依据相关法律和行政法规对其进行行政处置。

3. 行政处置的特点及限制原则

行政处置属于行政执法行为,具有行政执法的一般特性,比如:实现立法意图、直接影响权利和义务、针对特定的人和事以及单一对应性等。行政处置也是行政强制措施的一种形式,具有强制的特性,同时,行政处置还有自己独特的性质,即紧迫性。行政处置是在紧急情况下适用的,这也是适用行政处置的必要条件。根据行政处置的特点,海事管理机关在行使行政处置权利时,应遵循以下三个限制原则:

(1)紧迫原则。即行政处置必须在国家利益、公共利益或者行政相对人的合法权益处于或者将要处于危害的紧迫情况下才能实施。如果是在非紧迫情况下采取行政处置,则构成违法。

(2)事后追认原则。由于在紧迫情况下,往往来不及报告或者请示而立即做出应急措

施,这是必要的,也是允许的,但是,必须在做出该处置行为后,尽快报告海事主管机关和领导,对该处置行为予以追认,并补办必要的手续。

(3)减少损失原则。采取行政处置有时会造成难以避免的损失,但要求海事管理机关及其行政执法人员在实施处置行为时尽可能地减少损失或者防止损失的扩大。

总之,船舶、设施一旦发生海事,不但对于本身造成了损害或灾难,而且很可能对所在水域的交通安全造成威胁,还可以造成港口设施的破坏和水域环境的严重污染。因此,《中华人民共和国海上交通安全法》赋予海事局可以采取必要的强制性处置措施的权力是十分必要的。正确地采用行政处置能够保障人命、财产、船舶安全和防止水域环境免遭污染;而不合法或不恰当地采用行政强制,也会给相对人的合法权益造成不应有的损失。因而,行政法对行政处置实行三项控制,即所谓紧迫原则、事后追认原则和减少损失原则。从理论上说,减少损失原则的要求有两点:

①行政处置可能造成的损失应当少于它所要避免的损失。

②应当将行政处置所可能造成的损失尽量限制在必要的范围之内;否则主管机关和人员就应当承担行政赔偿责任。

二、海事调查处理引起的行政命令

行政命令是行政机关在国家行政管理活动中最常采用的执法手段。它是指行政机关及其公务员依法强制要求行政相对人为一定行为(或不作为)的意思表示。《海上交通事故调查处理条例》第三章(调查)第十三条规定:海事局因调查海事的需要,可以令当事船舶驶抵指定地点接受调查;当事船舶在不危及自身安全的情况下,未经海事局同意,不得离开指定地点。该条例第十九条规定:海事局有权责令船舶停航、改航、停止作业。《中华人民共和国海上交通安全法》第十九条规定:若船舶、设施发生交通事故,手续未清,海事局有权禁止其离港或令其停航、改航、停止作业。这些规定都明确授权海事局在海事调查处理中可有采取行政命令的权力。

就上述海事法规所授权海事局做出的行政命令而言,该行政命令是为保证海事调查处理能够顺利进行和能够顺利结束而做出的。该行政命令的名称可采用"命令"或"禁令",但也可以采用"通知"这一名称。就上述两个海事法规的条文内容看,该行政命令可包括:要求当事船舶驶往指定地点接受调查的命令;要求发生海事船舶不得离开指定地点以接受调查的命令;禁止当事船舶离港的命令;要求当事船舶停航或停止作业的命令。按照《海上交通监督管理处罚规定(试行)》第六十七条规定,主管机关因调查处理海上交通监督管理处罚案件需要(包括海事调查处理),可以临时滞留船舶,并出具临时滞留通知书。所谓临时滞留船舶,这是一种行政命令;出具临时滞留通知书就是向当事船舶发布或告知海事局的行政命令。按照行政法原理,当合法适当的行政命令对行政相对人的名誉权、人身权和财产权造成不利影响时,做出命令的行政机关一般不承担责任;与之相反,如果行政机关做出的行政命令违法或不当,对相对人的合法权益造成不应有的损失时,做出命令的行政机关应负补救责任;否则相对人可以依法对命令发布机关提起行政诉讼。因此,海事局在海事调查处理中应做出禁止当事船舶离港或令其停航等行政命令,或发出临时滞留通知书时一定要慎重;非海事调查处理的迫切需要,一般不要这样做。

三、海事中的行政处置与行政命令的区别

海事中的行政命令既可作为抽象行政行为的一种形式,也可作为具体行政行为的一种形式。当其作为具体行政行为的行政命令时,是指由行政主体做出的强制要求相对人进行一定的作为或不作为的意思表示。在海事调查过程中,不少行政处置措施在实施时同时被伴随行政命令,几乎大多数行政处置措施都以行政命令为程序上的附助手段。然而,两者之间有着必然的联系,但也存在以下几点本质区别:

第一,如果行政主体(主要指海事主管部门)在前面做出一个行政命令,而且该命令尚未最终生效,事后根据该命令实施一种处置行为,那么,事前的行政命令作为独立的具体行政行为对待,事后的行政处置行为也作为独立的行政处置措施行为对待。

第二,如果行政主体(主要指海事主管部门)在前面做出一个行政命令,并且该命令已获得最终效力,事后根据该命令实施一种处置行为,那么,事前的行政命令作为独立的具体行政行为对待,事后的行政强制行为便作为"行政处置执行",而不是"行政处置措施"对待。

第三,如果行政主体(主要指海事主管部门)在实施行政处置措施过程中或与实施行政处置措施同时做出行政命令,那么,这种命令只是行政处置措施中的一个程序上的告诫环节,它被行政处置措施行为所吸收,不能作为一个独立的具体行政行为存在。

第二节 在海事调查处理中的权利、义务和法律责任

一、海事局在海事调查处理中的权利

为了确保海事调查处理的顺利进行,使海事局能够依法对海事进行调查处理,《中华人民共和国海上交通安全法》和《海上交通事故调查处理条例》等法规赋予海事局许多行政执法的权利,如进行行政调查的权利、采用行政处置的权利、发布行政命令的权利等。

海事局在海事调查处理中的权利,从行政法律规范行为模式来说,可以分为职权性规范和授权性规范。职权性规范的特点是授权性和义务性兼而有之。《中华人民共和国海上交通安全法》规定:中华人民共和国海事局是对沿海水域的交通安全实施统一监督管理的主管机关;船舶、设施发生的交通事故,由主管机关查明原因、判明责任。《海上交通事故调查处理条例》第二条规定:中华人民共和国海事局是本条例的实施机关。这就属于职权性规范,即海事局有权对海事进行调查处理,同时也必须对海事进行调查处理。海事局及其人员应该了解职权性规范的双重特点。

授权性规范对海事局在海事调查处理中的权利叙述得更加具体。例如,《海上交通事

故调查处理条例》第九条规定:海事局可委托有关单位或部门对因海事致损的船舶、设施进行检验、鉴定;第十条规定:海事局认为必要时,可以通知有关机关和社会组织参加事故调查;第十一条规定:根据海事调查工作的需要,海事局有权询问人员,要求被调查人提供书面材料和证明……海事局在调查中,可以使用录音、照相、录像等设备,并可采取法律允许的其他调查手段;第十三条规定:海事局因调查海事的需要,可令当事船舶驶抵指定地点接受调查;第十七条规定:对海事发生负有责任的人员,海事局可以根据其责任的性质和程度依法给予行政处罚;第十九条规定:根据海事发生的原因,海事局可责令有关船舶、设施的所有人、经营人限期加强对所属船舶的安全管理;对拒不加强安全管理或在限期内达不到安全要求的,海事局有权责令其停航、改航、停止作业,并可采取其他必要的强制性处置措施;第二十六条规定:海事局自收到调解申请书之日起三个月内不能使当事人各方达成调解协议的,可以宣布调解不成;第二十九条规定:违反本条例规定,有下列行为之一的,海事局可视情节对有关当事人处以警告或罚款;第三十四条规定:对违反海上交通安全管理法规进行违章操作而构成重大潜在事故隐患的,海事局可以依据本条例进行调查和处罚。

海事局进行海事调查处理是依法行政,因而海事调查处理人员应熟知海事调查处理法规中授予的权利,合理运用,以保证海事调查处理工作的正常和顺利进行。海事局在海事调查处理过程中的权利主要有以下几点:

(1)询问有关人员。

(2)要求被调查人员提供书面材料和证明。

(3)查阅航海日志、轮机日志、车钟记录簿、报务日志、航向记录簿、海图、船舶资料、航行设备仪器的性能资料及其他调查所必需的原始文书资料;复印或复制上述资料,并要求当事人签字确认。

(4)检查船舶、设施及有关设备的证书、人员证书和核实事故发生前船舶的适航状态、设施的技术状态。

(5)检查船舶、设施及其货物的损害情况及人员伤亡情况。

(6)勘察事故现场,搜集有关物证。

(7)要求当事方申请检验部门检验或召集鉴定人进行技术鉴定。

(8)可以使用录音、照相、录相等设备和其他法律允许的调查手段。

二、海事局在海事调查处理中的义务

海事调查法规不仅授予海事局进行海事调查处理的权利,也规定了海事局的义务。权利和义务是密切相连的,任何权利的实现总是以义务的履行为条件。法规中规定监督"必须"或"应当"做的事,就必须做,不做就可能导致失职或玩忽职守行为的发生。

在《海上交通事故调查处理条例》中,海事局"应当"做的事可以列举如下。第十一条规定:海事局在接到事故报告后,应及时进行调查。第十二条规定:海事局人员在执行调查任务时,应当向被调查人员出示证件。第十五条规定:海事局应当根据对海事的调查,完成海上交通事故调查报告书,查明事故发生的原因,判明当事人的责任;构成重大事故的,通报当地检察机关。第十六条规定:海上交通事故调查报告书应包括的内容。第二十条规定:调解必须遵循自愿、公平的原则,不得强迫。第二十三条规定:经调解达成协议的,海事局应制作调解书;调解书应当写明当事人的姓名或名称……调解书应交当事方各持一份,等等。海事局的海事调查处理人员也应熟知上述各条要求海事局"应当"做什么和怎么做的规定。这些规定为海事局海事调查处理人员设立了法定义务。

海事局在海事调查处理过程中应履行的基本义务主要包括以下几点:
(1)执行事故调查任务时,应向被调查人员出示执法证。
(2)调查应公正、客观、及时、全面。
(3)按法律的授权和规定的程序,使用合法的手段和方式进行交通事故调查处理工作。
(4)客观、真实地编写水上交通事故调查报告书。
(5)遵循自愿、公平的原则,对水上交通事故引起的民事纠纷进行调解。

三、海事局在海事调查处理中的行政法律责任

所谓行政法律责任,就是行政法律关系主体由于违反行政法律义务构成行政违法而应当依法承担的否定性法律后果。行政法律关系的主体包括行政主体(主要是行政机关)和行政相对人双方。作为行政主体的行政机关及其行政工作人员,在行政执法过程中也完全与行政相对人一样,由于违反行政法规所设定的义务而构成行政违法,从而被依法追究行政法律责任。在海事局所进行的海事调查处理工作中也不例外。《海上交通事故调查处理条例》第六章(罚则)第三十条规定:对违反本条例规定,玩忽职守、滥用职权、营私舞弊、索贿受贿的海事局人员,由行政监察机关或其所在单位给予行政处分。这一规定指出了海事局人员在海事调查处理工作的部分行政违法行为和应负行政法律责任的方式。

要追究行政机关和行政工作人员的行政法律责任,首先要确认其行政违法行为。行政机关和行政机关工作人员的行政违法行为包括失职、越权、滥用职权、主体主观违法、事实依据错误、适法错误和行政侵权内容违法等行为。对于虽属合法,但行政裁量中显失公平的严重的行政不当行为,也可追究行政法律责任,国家行政机关及其工作人员在接到失事船舶的事故报告后,不及时进行调查就是一例。行政机关及其工作人员超越法定职权的行为是越权行为,如海事局违反《海上交通事故调查处理条例》有关海事调查的管辖权规定,对不属于其管辖的海事进行调查就是一例。行政机关及其工作人员以其身份进行根本无权进行的行为,构成滥用职权的行为,如海事局为调查海事责令发生事故的在港船舶船员不得离船(换班回家休息或下地进行其他工作)就是一例。至于海事局对发生事故负有责任的船员不按规定任意罚款或扣留其适任证书,则属严重的行政不当行为;而海事局的海事调查人员不出示证件就向船员进行调查取证或勘查现场的行为就是违反程序的行为。

国家机关承担法律责任的方式以补救性责任措施为主,如赔礼道歉、承认错误、恢复名誉、消除影响、纠正不当、行政赔偿等,也可以采用惩戒性责任措施,如通报批评、撤销违法决

定等。国家机关工作人员承担法律责任的方式以惩戒性措施为主，如通报批评、经济处罚、赔偿损失、行政处分等，也可以采用补救性责任措施，如赔礼道歉、承认错误、退赔、恢复原状等。国家机关及其工作人员承担行政法律责任是我国逐步走向社会主义法制化的具体表现，也是对我国宪法中"一切国家机关和武装力量、各政党和各社会团体、各企业事业组织都必须遵守宪法和法律。一切违反宪法和法律的行为，必须予以追究"和"由于国家机关和国家工作人员侵犯公民权利而受到损失的人，有依照法律规定取得赔偿的权利"两项规定的具体落实。

在海事调查处理过程中常见的法律责任风险主要包括以下几点：
(1) 海事调查人员资格不符合规定
海事调查人员资格不符合规定主要表现在人员素质和人员配备两个方面。
① 人员素质
海事调查处理是一项连贯性强、程序缜密、素质要求较高的专业性工作，它跨越多学科多领域，需要事故调查人员具备航海学、法律学、心理学、经济学等多种知识和技能，海事调查要素包括船舶、环境、货物、人(主要指船员)，而其中人为因素是主要因素，第 A.973 号决议明确要求各国应拥有一支知识面广、专业性强、经验丰富的事故调查队伍，其必须掌握避碰公约、事故污染技术、询问技巧等专业知识，因此事故调查人员必须具备相当高的素质。

② 人员配备
海事调查处理包含一连串相互衔接的具体行政行为，包括行政检查、行政调查、行政处罚、行政强制、证据收集和保全、文书送达等。每一项具体行政行为都要求实施者具有一定的执法主体资格。海事调查处理属于行政执法行为，除了要求 2 人以上的执法人员外，还要求由海事调查官主导海事调查处理工作，如重大等级以上事故必须成立事故调查组，重大以上海事其调查组组长必须具有高级海事调查官资格。

海事调查处理中执法人员资格的不符合规定不仅影响海事执法形象和执法威慑力，还会造成事故当事方的抵触情绪，对后期事故事实的认定和原因分析、责任认定和可能申请的海事调解均会产生不利影响。

(2) 海事调查程序不符合规定
海事调查是解决民事纠纷的重要证据，事故责任认定易成为双方矛盾争议的焦点，因此海事调查处理一定要严格按照事故调查处理的法律、法规和规章规定的程序进行。一旦违反程序，即使工作内容正确，行政执法仍可能因为程序不合法而无效。程序不符合规定，在产生纠纷后可能导致在行政诉讼中败诉。程序不符合规定的情况有很多，比如违反程序、程序疏忽等。在实际工作中，海事调查中调查程序不符合规定很大程度上表现为部分海事执法人员不了解取证的程序、取证的标准。

(3) 海事调查工作质量不高
在整个海事调查过程中如果不能准确把握质量标准和阶段性工作成果要求，将对事故事实的认定和原因分析、责任认定产生很大的影响，严重的会引起当事人的不满。海事调查

工作质量不高,主要表现有:

①证据收集不全

对于海事调查处理来说,收集证据是关键。一旦取证程序不合法,证据保存不规范,就会造成取得的证据缺乏客观性和权威性,效力低,易被人驳倒的后果。首先,《内河交通事故调查处理规定》第二十条规定:"船舶到指定地点接受调查的期限自船舶到达指定地点后起算,不得超过72小时。"调查时间方面的限制,要求海事管理机关必须集中调查力量,全面展开事故调查。一旦发生事故,海事调查官必须在72小时内(包括水上交通所需的时间在内),完成对事故的全部调查取证工作。如果海事管理机关在组织事故调查方面未及时集中调查力量、合理分配调查任务,调查时间超过72小时,就有可能造成对当事船舶的不当延误,导致相关事实调查不及时、不准确、不全面,最终引发当事人不满的风险。证据收集在主观上不仅受海事管理机关的影响,还受事故直接调查人员调查技巧和业务水平的限制。调查人员的调查技巧、海事业务知识以及现场调查取证处理的随机应变能力,对调查取证的质量影响也比较大。其次,受条件限制,并不是水上交通事故发生后,执法人员就可以立即到现场进行取证,从接到指令到到达事故现场需要一定的时间,然而在此期间当事船舶为减轻责任或为牟取最大限度经济赔偿,会就事故发生经过和原因等方面统一口径,甚至捏造事实,给调查取证增加困难。

②事实调查不清

首先,在调查要素中,人是主要因素。而海事调查人员的调动会使一些事故调查的证据或事实在人员调动过程中不一致,或导致一些关键信息的丢失,以致人员调动前后调查证据或事实难以前后一致或有效衔接。有时一些海事调查人员先入为主,这样也不利于全面、客观、公正地开展事故调查工作。不仅是调查人员,一些当事人的不配合、敷衍了事,有的甚至伪造事实,造成海事调查人员难以调查事实真相。另一方面,受时间和地理条件的限制,事故发生后,如不能及时取证,在水上很多的物证会随着时间的推移而消失,这些都可能导致事故因调查不全面而事实不清。

③损失核定偏颇

海事管理机构虽为水上交通事故直接经济损失核定机构,但海事管理机构一般不直接参与水上交通事故直接经济损失核定,它们都是委托有资质的估损机构和具有海事评估能力的公估机构来核定直接经济损失。损失核定偏颇可以分为以下几种情形:一是在估损机构和具有海事公估能力的公估机构直接损失核定时,可能发生核定的损失与实际损失不相符合,或者因海事调查人员收受贿赂,估损结论明显有利于当事人一方的情况。这时海事管理机构作为水上交通事故直接经济损失核定机构应当坚持公平、公正、客观的立场,履行好监督职责避免上述情况的发生。二是出现骗保的情况。在水上交通事故核定经济损失时,一些投保保险的事故当事方有可能会通过欺诈的方式扩大损失额,不仅纵容了违法行为,还可能导致保险公司将海事主管机关作为诈保案的共同被告而起诉。这就需要海事调查人员以谨慎的态度对事故损失进行严格核定,以防止一些不法当事方通过事故牟取不当利益。

另外，在事故损失核定过程中，还会出现海事管理机构在委托估损时，因未向核定机构发出委托书或委托函，而造成执法程序不合法的情形。

④责任判定偏颇

责任判定直接关系到当事各方的切身利益，因此成为当事各方矛盾的焦点。然而责任认定也同样存在着出现过失的风险。主要原因是不同的海事调查官由于业务水平参差不齐或对待水上交通事故的态度及对一些法律、法规的规定理解不同，可能会从不同的角度理解水上交通事故，这就会导致针对同一事故，不同的事故调查官最后做出的责任认定不同，而一旦海事调查官对法律、法规理解有偏差，会直接导致责任认定出现瑕疵，从而引起当事方的怀疑。海事调查是一个综合能力要求特别高的岗位，海事调查人员既要有过硬的调查分析能力，又要熟悉相关的法律法规知识，能够准确、恰当地判明当事各方及有关人员的责任。

⑤事故调查工作效率不高

海事调查处理的时间最长为6个工作日，从立案开始到结案最长不允许超过7个月。因而事故调查工作效率主要体现在执法过程中对时间要求的遵守，事故调查工作效率取决于海事调查处理各阶段的工作效率和相互衔接程度。在海事调查处理中，经常容易出现因事故调查时间过长造成对事故船舶不当延误，引起当事人的不满，从而会产生相应的风险。因此要有效地处理好水上交通事故，就需要海事主管机关在做出延长事故调查时间的时候权衡利弊。

⑥调查处理显失公正

调查处理显失公正可能会引发过激行为，从而诱发有关群体性事件或信访、来访等情况。调查处理显失公正主要表现为事故损失核定偏颇和责任判定明显偏袒一方。调查处理过程中发生的显失公正极易造成两种结果：一种是行政相对人，尤其是了解一定法律知识的行政相对人，对海事管理机构出具的有关事故调查报告、责任认定书不信任，寻求行政复议、行政诉讼等手段来推翻海事管理机构已经做出的结论；另一种是行政相对人，尤其是不了解相关法律知识，以为除海事管理机构外没有其他可救济手段的行政相对人，抱着"你不替我做主，我没处申冤"的想法。

⑦调查处理工作中行政不作为或渎职侵权

调查工作中的行政不作为和渎职侵权在海事调查处理过程中时有发生，海事管理机构必须严格按照法律、法规要求适时做出具体行政行为，如无作为或没有及时作为，将会被追究行政违法责任，更严重的，如果造成重大人员伤亡和财产损失将会被追究刑事责任，称之渎职侵权犯罪。主要表现为：

第一，查处不力。如果不及时查处肇事逃逸船，就很可能会影响最终责任认定，肇事逃逸船可以将其作为依据提起诉讼。在某海事局就曾发生事故当事人以海事管理机构追查肇事逃逸船不力为由而提起行政诉讼，追究该海事局的行政不作为的案件。

第二，处罚不到位。一些海事调查人员没有根据处罚规定对当事船舶、责任船员进行处罚，处罚不到位，应扣证的未扣证，应罚款的未罚款，让违法者逍遥法外。

第三,信息不公开。海事管理机构应当根据有关规定向事故当事方通报事故调查情况,应在事故调查结束后公开事故调查报告。如不公开有关情况,海事管理机构就会因此而侵犯行政相对人的知情权。

第四,未提出安全管理建议。海事管理机构按规定,在调查事故时应该按照"四不放过"的原则,向事故有关方面提出安全管理建议,但有的海事管理机构常常将安全管理建议写进事故调查报告,却不按规定下达。

第五,涉嫌交通肇事犯罪案件未按规定移送司法机关。海事管理机构只负责海事的调查与处理,而当事故涉嫌交通肇事犯罪时,海事管理机构应当按规定将案件移送司法机关,如未能按行政机关移送司法机关的有关程序规定进行移送的,该海事管理机构及责任人员将会面临行政处分,甚至会面临被追究刑事责任的风险。

第十一章 国外海事调查简介

第一节 英国的海事调查

一、概述

自从 20 世纪中叶开始,英国国内的各种航运事故或伤亡事故都接受调查。在一系列事故调查后发现,当一个政府组织不但能负责制定和执行法规而且还能够调查事故时,各种利益矛盾就开始凸显。因此,调查组建议事故调查应该成为在政策和法规制定之外的一个独立部门。根据商船航运法,英国政府 1989 年在运输部内成立一个独立的部门负责事故调查,即海事调查分部。它位于英国主要港口之一的南安普敦,负责海事的调查工作。海事调查分部直属英国交通部,为保持海事调查分部的独立性,首席调查官直接向国务秘书报告。海事调查分部的调查员都受过严格的训练,具有航海、轮机或造船方面之一的知识。1996年,海事调查分部被授予"人民利益调查者"的称号。

二、事故调查的目的

(1)通过以下措施,来促进海上安全:
①执行事故调查以判断事故的发生原因和详细过程。
②制订安全建议以降低类似事故和情况在未来再次发生的可能性。
③通过以船员和海运公司为目标的初始行动来提高发生事故的警惕性,从而鼓励更好的、更安全的船舶操作。
④根据国际海事组织规定,增进国内和国际海事事故调查合作。
(2)为满足公众的要求,尤其是整个海事行业的要求,海上事故应该得到充分的调查。
(3)履行国际公约的要求,安排海事调查,并向国际海事组织提供所要求的有关事故调查信息。

三、海事调查的范围

根据商船航运法,海事调查分部负责调查在英国登记的船舶在任何水域发生的一切事故和外国船舶在英国水域发生的事故,同时有责任配合其他国家的调查员进行联合调查。应其他国家的要求,海事调查分部可以代表其他国家进行海事调查。

海事调查分部调查的海事分为海上事故和事件：

事故是指意外事件导致人员伤亡或物质损失，包括人员死亡、船上人员重伤、船上人员失踪；船舶全损、推定全损、被弃船或船舶严重损坏；搁浅或碰撞，由船舶引起的丧失能力或物质损失。

事件是指意外事件，如果情况稍微不同，就可能引起事故，如重大事故隐患。

四、事故调查等级标准

1. 行政性询问阶段

通常来说，若事发因素需要被查清，而显然未获得批准的事故调查将被归类于行政性询问。换句话来说，除了接受初始事故报告外，还应该找到其他详细资料和信息。若认为可以从事故中获取一些教训，那么应该考虑公布安全建议汇编。安全建议汇编是事故经验总结，每年发行三期。

海事事故如涉及公众关心的安全问题，或对正规的安全建议有一个合理的潜在要求，那么这个事故应该可以被安排一个初始检查或一个事故调查。

2. 初始检查阶段

一个初始检查应该识别出一个事故发生的原因和详细过程，以检查它是否满足开展事故调查的要求，并最终形成一个有效的公共报告。

若初始检查发现其未能达到事故调查要求，海事调查分部就不可以执行事故调查。这个决定应该在事发后两周内做出，并通知所有的事故涉及单位。

3. 事故调查阶段

在所有的海事案例中，由一个检察官决定是否要开展事故调查，应该主要依据以下标准：

(1) 对事故调查价值的客观性评估。
(2) 事故的潜在后果（与事实相反）。
(3) 公众关心程度。
(4) 涉及事故船舶类型。
(5) 事故调查的可能价值。
(6) 员工的人力资源。

必须牢记海事调查分部的目标是：保持一个对事故发展趋势的总体看法，关心事故的共性原因，提出一些合适的安全建议。为了达到这个目标，一部分不是非常重要的事故也需要接受事故调查。

五、海事调查报告

海事调查分部是预防海事、改善海上安全的主要机构。海事调查结束后，必须写出海事调查报告。海事调查报告应包括海事发生的事实、海事发生原因及安全建议等。根据不同级别的调查,写出不同的海事调查报告。

(1)首席调查官主持的海事调查所做的调查报告是提交给国务秘书的,通常会被允许出版。因为这种报告可能有损某些人的声誉,所以法律规定,首席调查官提交报告前应向相关人士发送,以给他们辩解的机会。

(2)调查官海事调查报告。这类报告通常是分发给事故涉及的有关人员和机构的,报告主要包括事实说明。

(3)安全摘要。安全摘要主要包括海事调查分部对海事调查进行简单的评述,重点放在从事故中应吸取的教训。安全摘要常年出版发行。

第二节 加拿大的海事调查

一、概述

1990年3月29日以前,加拿大的海事调查是由运输部海事调查局来进行的。1990年3月29日,《加拿大运输事故调查和安全委员会法案》生效,成立了加拿大运输安全委员会。该委员会的任务就是通过对海上、管道、铁路和航空四种形式的运输事故进行独立调查或公开听证会,确定事故发生的原因,找出安全隐患,提出改进建议,进而增进海上、管道、铁路和航空运输的安全。该委员会由5个委员(其中包括1名主席)和大约220名工作人员组成,总部位于魁北克。加拿大运输安全委员会是一个独立的机构,通过总统直接向议会报告。

二、海事调查范围

加拿大运输安全委员会有权调查发生在加拿大水域的任何海事,同时在下列情况下,还有权调查发生在其他水域的任何海事。

(1)某一主管当局请求加拿大进行调查。

(2)事故中某一船舶是在加拿大登记或其执照是由加拿大政府签发。

(3)事故的重要证人知道引起事故发生的有关信息的人员到达加拿大或在加拿大某地被发现。

根据《加拿大运输事故调查和安全法案》,海事是指:

(1)任何与船舶作业有关的事故。

(2)任何情形或状况,如任由这些情形或状况发展,委员会确信会引起以上(1)所述的事故。

三、海事调查等级标准

运输安全委员会进行海事调查的目的就是增进海上的安全。海事调查工作的原则即是公开、公正、胜任、全面。该委员会有权决定对所发生的海事是否进行调查,所依据的准则是看海事调查能否有增进海上安全的潜力或提高公众的关注程度。

从法规上来讲,海事调查并没有进行分级,但在实际工作中,根据事故的情况所进行的调查工作还是有差别的。当某一事故发生,如委员会认为应进行调查,就会任命一名或多至30名调查人员来进行海事调查。调查人员有权勘验现场、搜集证据和询问证人。

在进行事故的调查当中,如果委员会认为有必要对该事故进行公开听证会调查,那么委员会主席就有权任命包括他自己在内的一名或几名人员来主持公开听证会,对事故进行公开调查。

四、调查报告

海事调查结束后,运输安全委员会负责编写调查报告,调查报告应包括调查结果、安全隐患和安全建议。调查报告草稿完成后,须经委员会通过,然后将草稿寄给有关方或机构,听取他们的意见,调查报告正式完成前是保密的,任何人不能使用该报告草稿。

委员会将返回的意见收集登记,参考有价值的意见,对报告进行修改,完成正式报告并进行发表。委员会一般情况下将在事故发生后一年内公布报告,对于非常复杂的重大事故,公布报告的时间可以延长。

第三节　美国的海事调查

美国的海事调查采取与众不同的双轨制,即美国海岸警卫队负责对所有海事进行调查,同时美国国家安全委员会负责所有海事中属于"重大海事"这部分海事进行调查。两者的调查依据各自独立的调查规定进行,各自提出调查报告和增进安全的建议。

一、美国海岸警卫队的海事调查

1. 概述

美国海岸警卫队司令不直接参与海事调查,而由其属下的海事调查分部负责。各地区海岸警卫队司令下属一个海上安全分部,其中一位负责海事检查的官员,该官员下属一个海事调查组。海岸警备队在全国划分的11个区中都有一个调查官员,这些调查官员都向负责海事检查的官员报告工作。

2. 调查范围

根据法案,海岸警卫队对所有事故有进行调查的管辖权,包括所有的搁浅、推进器损坏、船舶适航性的损害、人命丧失、导致失去能力超过72小时的人员受伤及任何其他导致财产损失超过25 000美元以上的事故。对发生近乎碰撞的事件通常不进行调查,但海岸警卫队有权进行调查。

美国国家安全委员会和海岸警卫队对调查"重大海事"有共存的管辖权,当有"重大海事"发生,海岸警卫队要通知国家安全委员会,然后双方就其参与调查或公开调查进行协商。

3. 海事调查等级标准

美国海岸警卫队的海事调查是为增进海上安全而进行的,共分为下列四个级别:

(1) 办公桌前查账

调查官员要审查海事报告表,以确定表格是否正确填写。在发生小事故的情况下,调查官员从事故报告表上确定事故的原因并在表上签字。这样,该表就成为调查官员的海事报告,并送上级审查批示。

(2) 非正式的查证

这是一种低调的常规调查,也就是调查官员仅对海事报告表加以批注。在这种方式的海事调查中一般要会见证人但不进行宣誓,也不指明利益方。在调查中,调查官员可采用记笔记、对书面陈述签字、录音等各种手段。他的建议可加在报告上,该报告一旦通过批准程序就可公开,甚至于在报告未完成之前,调查官员亦可将他获得的证据提供给要求获得证据的人。

(3) 正式调查

对于较重大的海事,调查官员需进行这种形式的调查。他在证人宣誓后收集证词,然后将证词交调查庭笔录人记下并打印出副本。在这种情况下将按照程序列出利益方的名单。进行这类调查的决定通常由海岸警卫队地区司令或总部做出。这类调查大约每年进行12次。

在正式调查过程中,一个调查官员在一个听证会会议室内举行公开听证会。已被列在名单上的各利益方可到场询问证人。有时将这种调查称之为"一人调查委员会的调查"。

(4) 海事调查委员会的调查

海事调查委员会由海岸警卫队司令下令设立,其成员由他指定。海事调查委员会只负责对重大海事进行调查。一般只调查人命丧生较多、受检船舶灭失或公众高度关注和敏感的事故。

除由于保密原因外,这种调查是采用公开听证会的形式进行的。被指定为海事调查委员会成员的全是海岸警卫队官员,一般情况下指定2~4人,其中有1名主席和1名记录员。在听证会上,委员会将全面彻底地重新查询证人。

4. 海事报告

海事调查报告是调查官员的报告,他完全对它负责。然而,报告必须采用一个标准格式。一旦调查报告完成就不再更改,负责海事调查的高级官员将审查该调查报告,另外加上自己的意见并表示对某些结论或建议的同意或不同意。随后,海岸警卫队地区司令或总部的司令也以同样方式批阅该调查报告。调查报告中写明船舶、船舶所有人和当事的船员,偶尔提到重要证人的姓名。报告通常用"主要原因"和"促成原因"说明事故原因这一概念。报告通常包括安全建议,但必须通过地区司令审查、认可或删除。所有调查报告都是公开的,但不一定发表,仅发表海事调查委员会的调查报告。

二、美国国家运输安全委员会的海事调查

1. 概述

美国国家运输安全委员会成立于1966年,对航空、海运、公路、铁路、管道运输事故有全面的管辖权。该委员会是一个独立的机构,但在建制上设在美国运输部内。美国国家运输安全委员会由五位委员组成,其中一位是主席,另一位是副主席,它下设航空、铁路、公路、海运和有害物质运输管系五个事故调查部。

2. 海事调查范围

美国国家运输安全委员会对调查"重大海事"有管辖权,此外,美国国家运输安全委员会专门调查海岸警卫队的船舶与非公务船舶相撞而导致一人以上丧生或75 000美元以上财产损失的海事。"重大海事"是指:

(1) 6名或6名以上人员死亡。

(2) 100总吨或以上的机动船舶灭失。

(3) 初步估计财产损失在50万美元以上。

(4) 有害物质对人命、财产和环境造成严重威胁。

3. 海事调查

美国国家运输安全委员会主持一个海事调查时,调查由几个技术小组在当地进行。美国国家运输安全委员会的调查官员领导每一个小组。各小组成员也包括各利益方指派的参与者或观察员。

调查委员会自行决定是否举行公开听证会,这取决于事故是否重大。美国国家运输安全委员会举行的公开听证会与习惯法国家通常举行的公开听证会原则上有两个基本的区别:听证会属于了解事实的性质,而无正式的辩论;无对立的当事方,期望当事方参加调查是让他们在专门知识上协助委员会调查。有关法规中指出:召开事故听证会是为了协助调查委员会确定事故的原因或可能的原因,报告事故发生的事实、条件和环境,以及确定防止事故和增进安全的措施。

当美国国家运输安全委员会要求美国海岸警卫队调查一起海事时,美国海岸警卫队按照自己的程序进行初步调查,但美国国家运输安全委员会将指定一人或数人出席初步调查的各个阶段,包括现场调查和公开听证会。美国国家运输安全委员会的代表可以:

(1) 对调查的范围提出建议。

(2) 传唤和查询证人。

(3) 提交或要求另外的证据。当美国海岸警卫队完成一次实地调查后,总部司令要将调查记录提供给美国国家运输安全委员会,而他自己公布自己的调查报告。

4. 海事调查报告

公开发表的海事调查报告通常由七部分组成:引言、案件提要、调查(详细叙述)、对事实的分析、结束语(列几条结论并给出事故的"可能的原因")、建议、附录(通常先列出人员

方面的资料)。调查报告中要列出船名、海事发生的日期和地点、涉及的船员。报告中也要有证词的摘录。报告的正文部分不涉及当事船员的姓名,但在报告附录中首先列出其姓名。

调查报告由负责的调查官员(或其他技术工作人员)起草,然后送内部工作人员审查和讨论。报告草本一旦写完,就要送几份复印件给调查委员会的成员,以便有几周时间审阅报告并提出看法,然后公开召集相关人员举行会议谈看法。一旦会议结束,调查报告由工作人员按照公开讨论的意见最后定稿。所有的调查报告都公开发表并分送给各当事方,传播媒介也可获得调查报告的一些副本。

第四节 日本的海难审判制度

一、日本海难审判制度沿革

1876 年日本开始实行船员、引航员考试发证制度,明确规定船员、引航员的标准和责任。为此,海难审判开始走向制度化。1896 年制定了对船员的《处罚法》,确立了独立的审判制度。1947 年 11 月制定了《海难审判法》,1948 年 2 月 29 日该法生效,沿用至今。

二、海难审判制度的法律地位

日本制定法律的权力在国会,司法权属于最高法院(即最高裁判所)。政府行使行政执法权,内阁总理大臣具有行政法规的最高执行权力。因此,日本海难审判属于行政执法,在审判过程中坚持依据法律,注重证据,公开审判的原则。审判官有独立审判权,不受运输大臣或审判厅长官意志的影响和约束。

审判实行二审制,但没有终审权。如果被告对二审不服,可以上诉司法机关——东京高等法院(即高等裁判所);如果对东京高等法院的判决不服,还可上诉最高法院(即最高裁判所)。

日本海难审判厅还有一个特点,就是在本厅内设置审判官和审判理事官。审判官相当于法官,审判理事官相当于检查官。海事案件是否需要实施审判程序,决定权在于审判理事官。审判理事官负责海事案件的调查、取证,提请审判;审判官负责海事案件的审判和裁决。两者之间既相互合作,又相互制约。这种制度有利于保证海事案件审判裁决的准确性、公正性和合理性及执行法律的严肃性。

海难审判的职责权是查明原因,以达到预防海难为目的,不负责经济损失的认定和赔偿比例的分摊。如果海难事故当事人对经济赔偿发生纠纷,可以申请法院民事审判庭裁定。

三、审判程序

1. 调查程序

海难事故发生后,地方海难审判理事所首先通过海上保安厅、警察局、地方运输局、外务省领事馆和新闻机构等各种渠道确认海难事故是否真实。对确实发生的海难事故立即进行调查,搜集有关的各种人证、物证及资料。如果属于重大海难或虽损失不大但社会影响很大的海难事故,可以成立特别调查本部,必要时可抽调其他地区海难审判厅的审判理事官参与协助,以强化调查力量,进行认真全面的调查研究;经调查后,根据海难事故损失程度、对社会造成的影响以及对今后防止海难事故的发生有无指导意义,确定是否提交审判。如果审判理事官认为不需要提交审判,即使事故有关的当事方要求审判,海难审判厅也无权开庭审判。

2. 一审审判程序

一审审判是在审判理事官提出确立审判后,才能开始审判。审判厅必须由三名审判官组成。如果海难事故情况复杂,涉及的技术专业性强,可以指定两名参审员共同组成审判厅。

审判开始首先要确认受审人姓名、性别、年龄、职务及是否是海难事故的有关人员,而后审判理事官和受审人各自陈述意见;意见陈述完毕后,审判长宣读裁决意见并宣布休庭。该裁决意见基本上是根据审判理事官的意见起草的。再次开庭时,如受审人对裁决意见有异议,审判长则宣布进行公开辩论。审判理事官和受审人都有权请证人到庭作证。证人作证前必须宣誓,不得提供伪证。受审人还可以聘请辩护律师(即辅佐人)参与辩护。辩论程序实际上是让审判理事官和受审人充分陈述各自的意见,真正辩明事故原因,保证法庭裁决的准确性和公正性。在辩论时法庭审判官不得发言,更不容许做诱导性发言。辩论结束后,审判长宣布休庭。休庭期间审判官和参审员进行认真研究和充分协商,确定最终裁定书内容。裁决书内容主要是对海难事故的原因作出完整的、全面的结论,并决定对受审人是否进行处罚。审判官和参审员在协商研究过程中如有不同意见,则实行少数服从多数的原则,形成裁决结论。

裁决结论成立后,再次开庭,宣读最终裁决书。如果受审人对裁决不服,可在7天内请求高等海难审判厅进行二审。

3. 二审审判程序

二审审判必须由五名审判官组成。遇有重大海难事故或涉及专业技术性强的海难事故,可聘请(选择合适人员)两名参审员共同组成审判厅。审判程序与一审审判程序相同。如果受审人对二审裁决仍然不服,可在30天内提出上诉。此时,高等海难审判厅可以提诉东京高等法院裁判,按司法程序审理。

4. 执行程序

执行程序由地方海难审判理事所或高等海难审判理事所按法庭裁决意见执行。裁决意见分为三种:

(1)吊销执照。

(2)停止业务,停止业务的期限为1个月以上、3年以下。

(3)警告处分。

附录一　水上交通事故统计办法

（中华人民共和国交通运输部令2014年第15号）

《水上交通事故统计办法》已于2014年9月18日经第8次部务会议通过，现予公布，自2015年1月1日起施行。

部长　杨传堂

2014年9月30日

水上交通事故统计办法

第一条　为保障水上交通事故统计资料准确、及时，提高水上交通安全管理水平，依据《中华人民共和国统计法》、《中华人民共和国海上交通安全法》、《中华人民共和国水污染防治法》、《防治船舶污染海洋环境管理条例》和《中华人民共和国内河交通安全管理条例》等法律法规，制定本办法。

第二条　中华人民共和国管辖水域内发生的水上交通事故及中国籍船舶在中华人民共和国管辖水域以外发生的水上交通事故的统计和上报，适用本办法。

本办法所称水上交通事故，是指船舶在航行、停泊、作业过程中发生的造成人员伤亡、财产损失、水域环境污染损害的意外事件。

第三条　交通运输部主管全国水上交通事故的统计管理工作。

县级以上地方人民政府交通运输主管部门主管本行政区域内登记注册的水路运输经营者所属船舶发生的水上交通事故的统计工作。

交通运输部在中央管理水域设立的直属海事管理机构和省、自治区、直辖市人民政府在中央管理水域以外的其他水域设立的海事管理机构依照职责分工负责辖区内发生的水上交通事故的统计工作。直属海事管理机构负责中国籍船舶在中华人民共和国管辖水域以外发生的水上交通事故的统计工作。

第四条　县级以上地方人民政府交通运输主管部门、海事管理机构及航运企业、船舶应当遵守统计法律、行政法规和本办法，健全和落实水上交通事故统计工作责任制度，如实提供水上交通事故统计资料，准确、及时地完成水上交通事故统计工作。

第五条　水上交通事故按照下列分类进行统计：

（一）碰撞事故。

（二）搁浅事故。

（三）触礁事故。

（四）触碰事故。

（五）浪损事故。

（六）火灾、爆炸事故。

（七）风灾事故。

（八）自沉事故。

（九）操作性污染事故。

（十）其他引起人员伤亡、直接经济损失或者水域环境污染的水上交通事故。

第六条　水上交通事故按照人员伤亡、直接经济损失或者水域环境污染情况等要素，分为以下等级：

（一）特别重大事故，指造成30人以上死亡（含失踪）的，或者100人以上重伤的，或者船舶溢油1 000吨以上致水域污染的，或者1亿元以上直接经济损失的事故。

（二）重大事故，指造成10人以上30人以下死亡（含失踪）的，或者50人以上100人以下重伤的，或者船舶溢油500吨以上1 000吨以下致水域污染的，或者5 000万元以上1亿元以下直接经济损失的事故。

（三）较大事故，指造成3人以上10人以下死亡（含失踪）的，或者10人以上50人以下重伤的，或者船舶溢油100吨以上500吨以下致水域污染的，或者1 000万元以上5 000万元以下直接经济损失的事故。

（四）一般事故，指造成1人以上3人以下死亡（含失踪）的，或者1人以上10人以下重伤的，或者船舶溢油1吨以上100吨以下致水域污染的，或者100万元以上1 000万元以下直接经济损失的事故。

（五）小事故，指未达到一般事故等级的事故。

第七条　统计水上交通事故，应当符合以下基本计算方法：

（一）重伤人数参照国家有关人体伤害鉴定标准确定。

（二）死亡（含失踪）人数按事故发生后7日内的死亡（含失踪）人数进行统计。

（三）船舶溢油数量按实际流入水体的数量进行统计。

（四）除原油、成品油以外的其他污染危害性物质泄漏按直接经济损失划分事故等级。

（五）船舶沉没或者全损按发生沉没或者全损的船舶价值进行统计。

（六）直接经济损失按水上交通事故对船舶和其他财产造成的直接损失进行统计，包括船舶救助费、打捞费、清污费、污染造成的财产损失、货损、修理费、检（查勘）验费等；船舶全损时，直接经济损失还应包括船舶价值。

（七）一件事故造成的人员死亡失踪、重伤、水域环境污染和直接经济损失，如同时符合2个以上等级划分标准的，按最高事故等级进行统计。

第八条　两艘以上船舶之间发生撞击造成损害的，按碰撞事故统计，计算方法如下：

（一）事故件数统计为一件；每艘当事船舶的事故件数按照占本次事故当事船舶总数的比例进行统计。

（二）伤亡人数、沉船艘数、船舶溢油数量、直接经济损失按发生伤亡、沉船、溢油及受损失的船舶方进行统计。

（三）事故等级按照所有当事船舶的人员伤亡、船舶溢油数量或者直接经济损失确定。

船舶发生碰撞事故，一方当事船舶逃逸，事故件数按照另一方单方事故进行统计，事故等级暂按另一方船舶的人员伤亡、船舶溢油数或者直接经济损失确定。查获逃逸船舶的，每艘当事船舶的事故件数应当重新计算；事故等级及统计要素有变化的，事故统计数据应当予以更正。

第九条　船舶搁置在浅滩上，造成停航或者损害的，按搁浅事故统计。搁浅造成船舶停航7日以上，但造成损害未达到一般事故等级标准的，按一般等级事故统计；造成损害在一般事故等级标准以上的，按第六条的规定进行统计。

船舶发生事故后为减少损失主动抢滩的，事故种类按照搁浅前的事故种类、损失按最终造成的损失进行统计。

第十条　船舶触碰礁石，或者搁置在礁石上，造成损害的，按触礁事故统计。触礁事故等级的计算方法参照搁浅事故等级的计算方法。

第十一条　船舶触碰岸壁、码头、航标、桥墩、浮动设施、钻井平台等水上水下建筑物或者沉船、沉物、木桩、鱼栅等碍航物并造成损害，按触损事故统计。船舶本身和岸壁、码头、航标、桥墩、钻井平台、浮动设施、鱼栅等水上水下建筑物的人员伤亡和损失，均应当列入触碰事故的伤亡和直接经济损失。

第十二条　船舶因其他船舶兴波冲击造成损害，按浪损事故统计，其事故等级的计算方法参照船舶碰撞事故等级的计算方法。

第十三条　船舶因自然或者人为因素致使船舶失火或者爆炸造成损害，按火灾、爆炸事故统计。

第十四条　船舶遭受较强风暴袭击造成损失，按风灾事故统计，一艘船舶计为一件事故。

第十五条　船舶因超载、积载或者装载不当、操作不当、船体进水等原因或者不明原因造成船舶沉没、倾覆、全损，按自沉事故统计，但其他事故造成的船舶沉没除外。

第十六条　船舶因发生碰撞、搁浅、触礁、触碰、浪损、火灾、爆炸、风灾及自沉事故造成水域环境污染的，按照造成水域污染的事故种类统计。

船舶造成的前款规定情形之外的水域环境污染，按照操作性污染事故统计。

第十七条　影响适航性能的机件或者重要属具的损坏或者灭失，以及在船人员工伤、意外落水等事故，按照"其他引起人员伤亡、直接经济损失、水域环境污染的水上交通事故"统计。

第十八条　船舶因外来原因使舱内进水、失去浮力，导致货舱或者驳船的甲板、机动船最高一层连续甲板浸没二分之一以上，按沉没统计。

船舶因外来原因造成严重损害，推定为船舶全损的，按沉船统计。

十米以下的船舶发生沉没或者推定全损,不计入沉船或者全损艘数和吨位。

第十九条　船舶附属艇、筏发生的水上交通事故按其所属船舶事故统计。

第二十条　船舶因发生交通事故需要在国外进行修理的,实际修船费用按照中国人民银行公布的同期人民币与外汇比价折合人民币计算。

第二十一条　水上交通事故应当按月度、年度进行统计,并按下列时间报送:

(一)月度统计期为每月1日至月末,于次月5日前上报。

(二)年度统计期为每年1月1日至12月31日,于次年1月15日前上报。

第二十二条　在统计期内发生但尚未调查处理完毕的水上交通事故,统计时难以确定船舶溢油数量、直接经济损失的,先按初步核定值统计,待水上交通事故调查处理完毕后再按确定的数据予以更正。

第二十三条　省、自治区、直辖市人民政府交通主管部门、海事管理机构应当按照统计报表制度对水上交通事故进行分类统计,其中"一般事故"等级以上的统计报表按照统计报表制度逐级上报至交通运输部海事局。

第二十四条　船舶在中国管辖水域内发生水上交通事故,应当按有关规定及时向事故发生地海事管理机构报告。同时,中国籍船舶的所有人、经营人或者管理人应当向登记注册地人民政府交通运输主管部门报告。

中国籍船舶在中国管辖水域以外发生水上交通事故,中国籍船舶所有人、经营人或者管理人应当在事故发生后24小时内向船籍港海事管理机构报告。

第二十五条　相关单位应当使用计算机信息系统等现代化手段进行水上交通事故信息采集、统计和上报工作。

第二十六条　水上交通事故统计资料,应当按照信息公开的相关规定予以公布。

交通运输主管部门、海事管理机构的工作人员违反本办法,虚报、瞒报、伪造、拒报、屡次迟报水上交通事故统计资料,根据情节轻重,依法给予行政处分。

第二十七条　船舶在船厂修造期间发生的事故不作为水上交通事故统计。

在船人员自杀或者他杀事件,不作为水上交通事故。

第二十八条　本办法中所称的"以上"包含本数,"以下"不含本数。

第二十九条　本办法自2015年1月1日起施行。2002年8月26日交通部第5号令发布的《水上交通事故统计办法》同时废止。

参考文献

[1] 付玉慧.海事调查与分析[M].大连:大连海事大学出版社,2010.

[2] 张景林,林柏泉.安全学原理[M].北京:中国劳动社会保障出版社,2009.

[3] 夏大荣.国际海事安全调查规则对我国海事调查的影响[J].航海技术,2009.

[4] 中华人民共和国海事局.水上交通事故调查概论[M].大连:大连海事大学出版社,2004.

[5] 中华人民共和国海事局.海事调查官手册[M].北京:人民交通出版社,2011.

[6] 张永刚.关于海事签证与水上交通事故调查处理的几点思考[J].中国水运,2011.

[7] 方泉根.驾驶台资源管理[M].北京:人民交通出版社,2006.

[8] 俞建君.水上交通事故调查处理执法责任风险防范[J].中国水运,2011.

[9] 王凯全,邵辉.事故理论与分析技术[M].北京:化学工业出版社,2004.

[10] 中华人民共和国海事局.典型案例调查解析[M].大连:大连海事大学出版社,2004.

[11] 中华人民共和国海事局.海事法规汇编[M].北京:人民交通出版社,2014.

[12] 刘利苗.我国"海事事故调查表"相关问题之研究[D].大连海事大学,2013.

[13] 沈建南,许岩松.浅议海事调查证据与海事诉讼证据[J].中国海事,2006(4):18-21.

[14] 黄建光.电子证据在海事调查中的应用及法律效力[J].大连海事大学学报:自然科学版,2010,36(S1):42-43.

[15] 吴珊珊.中国海事调查法律问题研究[D].大连海事大学,2014.

[16] 应勇.海事审判理念与海商法律发展[M].北京:法律出版社,2013.

[17] 朱登轩.海事调查处理工作中责任风险分析、防范与应对[D].大连海事大学,2012.

[18] 李响.国际法视野下的中国海事行政执法问题研究[D].大连海事大学,2012.

[19] 赖小妹.试论权力与权利关系在海事工作的运用[J].中国水运月刊,2008(2).

[20] 吴展.当代公共管理视角下的责任型海事建设探析[D].大连海事大学,2014.

[21] 文华.对海事的定义和海事分级问题的研究[J].水运管理.2003.

[22] 烟台海上安全监督局编写组.国际国内海事法规全书[M].济南:山东人民出版社,1993:114-116.